KB190346

개정판

본성에 바탕한 마음공부

본성_에
바탕한
마음
공부

개정판

● 김경태 지음

동영상강의 maum.club

유튜브 방송
경태의마음공부

은성출판사

지혜와 건강과 행복으로
인도하는 마음공부 지침서

김성곤 종교연합운동추진위원장, 종교학 박사

이 책의 저자 김경태는 "위기에 처한 인류에게 우리의 영혼과 육체의 근본과 작용의 원리를 밝혀 영혼이 관계하고 있는 본성과 정신과 마음과 생각을 깨달아 알고 올바르게 사용할 수 있는 방법을 제시하여 지혜와 건강과 행복이 충만한 인생이 되도록 인도하기" 위해 이 책을 썼다고 한다.

물질문명은 발달하는데 정신문명은 쇠약하여 이로 인해 파란고해에 빠져 있는 인류를 광대 무량한 낙원으로 인도하기 위해 원불교를 창시한 소태산 대종사님의 제자다운 태도이다.

성품, 회광반조, 좌선법, 일원상진리, 일원상 서원문, 일상수행의 요법, 일기 쓰기 등 소태산 대종사의 가르침 가운데 중요한 내용들을 본인 스스로의 깨달음과 선 법사님들의 가르침을 인용하여 자세하게 설명하였다.

필자가 가장 흥미롭게 본 부분은 필자의 전문 분야인 '비교 종교'이다. 특히 기독교와 불교의 교리 중 비교 설명이 쉽지 않은 창조설과 윤회설, 무명(無明)과 원죄(原罪), 본성(本性)과 하나님 등의 관계를 그야말로 원융회통(圓融會通)의 입장에서 잘 설명하고 있다.

솔직히 필자도 오래전부터 불교와 기독교의 교리가 서로 공통되는 것도 있지만 그중 특히 창조설과 윤회설은 서로 충돌되는 것으로서 그 조화가 쉽지 않고, 창세기의 '선악과(善惡果)'와 '원죄'의 문제도 불교적으로 설명이 쉽지 않아 고민하고 있었다. 그러던 차에 저자의 적절한 설명에 '아, 이렇게 설명하면 되겠구나!' 하고 무릎을 쳤다.

특히 기독교의 배타적 구원관으로 늘 시비가 되던 '나 외에 다른 신(神)을 섬기지 말라'의 '나'를 불교의 '천상천하유아독존(天上天下唯我獨尊)'으로 설명한 것은 기독교에서의 하나님이 결코 배타적인 하나님을 의미하는 것이 아니라, 불교적인 표현으로는 우주의 궁극적 진리인 우리의 본성을 말하는 것으로서 이 책의 해석이 불교와 기독교 사이의 넘지 못할 계곡에 아름다운 오작교(烏鵲橋)를 놓아 준 것이라 생각한다.

다시 한번 저자의 깊은 공부에 찬사를 보내며, 이 책이 많은 사람들의 마음과 갈등하는 세계에 큰 평화를 이루는 선물이 되길 바란다.

행복의 동반자, 마음공부

마음이 무엇이기에 우리는 마음공부를 하지 않으면 안 되는 것일
까요?

콩을 심으면 콩이 나고 팥을 심으면 팥이 나는 이치처럼 세상의 모
든 행복과 불행은 마음을 어떻게 사용하느냐에 따라 결정되는 것이
기 때문이지요.

우리가 이 세상에 태어나서 누리고자 하는 것이 행복이지만 오히
려 불행해지는 것은, 바로 이 마음의 의미를 제대로 몰라서 잘못 사
용했기 때문입니다.

인간으로 태어나 행복을 위하여 돈과 권력과 명예와 쾌락을 추구
하고, 몸과 마음으로 온갖 노력을 다하지만 결국 불행의 늪에 빠지
게 되는 이유는 왜일까요?

그것은 우리들의 제각기 영혼에 관계된 성품, 정신, 마음, 생각, 뜻
의 의미의 차이를 제대로 알지 못하여 잘못 사용하였기 때문이지요.

사람은 육신이 힘들면 휴식을 취해야 다시 힘을 회복하여 활동을

할 수 있듯이, 영혼도 힘이 들면 정신수양을 통해 휴식을 취함으로써 힘을 회복하게 됩니다.

이러한 정신적 휴식 기술이 없는 상태에서 몸과 마음을 사용하여 돈이나 권력이나 명예나 쾌락을 추구하면 어떻게 될까요?

마치 몸에 힘이 없는 상태에서 무리한 일이나 운동을 하면 사고가 나고 몸의 건강도 망가지듯이 정신의 힘이 없는 상태에서 마음을 사용하면 착각과 망상, 스트레스와 불면증, 우울증과 분노조절장애와 같은 수많은 정신적 이상증세가 발생하여 결국 우리의 영혼은 불행과 비극이라는 함정에 빠질 수밖에 없습니다.

그러므로 이러한 불행과 비극의 삶이 아니라 행복하고 은혜로운 삶이 되도록 하기 위해서는 욕망의 노예적 삶이 아니라 본성에 바탕한 마음으로 지혜롭게 살아가야 하는 것이지요.

이 책은 처참하게 망가지는 우리들 자신의 영혼을 구원하고, 육체적 건강도 회복할 수 있는 방법을 제시합니다.

아울러 인터넷 홈페이지 maum.club과 유튜브 방송 〈경태의 마음공부〉를 통해 이에 대한 내용을 동영상 강의로 상세하게 제공해 드림으로써 우리들의 영혼이 불행에 빠지지 않고 건강한 몸과 행복한 마음으로 살아갈 수 있도록 하는데 알뜰한 동반자가 되어 드릴 것입니다.

차 례

1

회광반조

(廻光返照)

회광반조(廻光返照)에서 '회광'이란 무엇을 의미할까요?

영혼의 활동에 의해 나타나는 분별인 마음이 육근(六根: 눈·귀· 코·입·몸·생각)과 육진(六塵: 육경을 발생시킨 대상) 사이의 육경 (六境: 색·소리·향기·맛·촉감·이치)에서 육식(六識)이라는 앎 이 일어날 때 육근의 문을 닫고 단전(丹田)에 힘을 툭 부리어 단전으 로 호흡하면서 단전으로 들어온 진공의 기를 온몸에 가득 채우면서, 경계 따라 일어나던 마음과 생각을 안으로 단전으로 돌이켜 본성인 정신으로 변화시키며 입정(入定)을 하는 것을 말합니다.

그리고 '반조'란 입정(入定)해 있던 영혼이 육근(六根)의 문을 열고 바깥 경계를 인식하는 출정(出定)을 의미하지요.

회광과 반조를 할 줄 아는 성품을 깨달은 영혼은 안으로 회광을 하 면 공적성성(空寂惺惺)한 자성정(自性定)을 세울 수 있습니다.

그리하여 밖으로 반조할 때 공적영지(空寂靈知)한 자성혜(自性慧) 가 나타나서 은혜와 상생으로 살아갈 수 있는 생각의 능력이 생기기 때문에 세상에 유익을 주고 자신도 행복하게 살아갈 수 있습니다.

하지만 성품을 깨닫지 못한 영혼은 생각이 사상(四相)에 지배되어 잡념과 망상이 마치 자신의 참생각인 양 착각하게 됩니다.

그리하여 남의 사정(事情)이나 입장은 전혀 생각하지 못하고 오직 자신의 욕심과 입장만을 고집하여 상생이 아니라 상극적인 관계를 만듦으로써 결국 스스로 불행과 비극을 초래하는 삶을 살게 되지요.

그러므로 자신의 영원한 영혼의 삶에서 진정한 행복을 누리며 살기 위해서는 본성에 바탕한 마음공부를 통하여 반드시 회광반조를 할 수 있는 실력을 갖추어야 되는 것입니다.

　참고로 위의 글에서 공적성성과 공적영지라는 용어가 나오는데 이를 설명해 보겠습니다.

　공적성성에서 '공적'이란 기적(氣的)으로 텅 비어 고요하다는 의미인데, 이는 아직 음성자 · 양성자 · 중성자와 같은 성질을 띠지 않은 파장이기도 하면서 아주 짧은 시간 동안에 빛을 내면서 생겨나자마자 사라지는 무수한 미립자들로 가득한 공간으로서 여기서는 입자들의 부딪힘이 없으므로 고요하다는 것이지요. 그리고 '성성'이란 영적(靈的)으로 육근의 문을 닫고 진공의 중심인 단전을 주시하므로 분별성이 없이 밝게 깨어 있는 정신 상태를 의미하지요.

　그리고 공적영지는 기적(氣的)으로 텅 비어 고요한 공적(空寂)에 입정(入定)해 있던 영혼이 육근의 문을 열고 출정(出定)하여 바깥 경계를 접하면서 분별, 즉 마음이 일어난 상태를 의미하는 용어이지요.

　그런데 이 공적영지에서의 영지는 인간의 욕심과 분노와 어리석음인 탐진치(貪瞋痴)와 아상 인상 중생상 수자상인 사상(四相)의 욕망적 차원의 영적 속성이 아니라 우주의 절대적이고 궁극적 차원의 영적 속성으로서, 공적성성이 불생불멸하여 영원불멸한 것이라면, 공적영지는 콩 심으면 콩 나고 팥 심으면 팥 나게 하는 인과보응의 이치를 가능하게 하는 것이지요.

또한 회광반조(廻光返照)를 다른 말로 표현하면 자성반조(自性返照)라고도 하는데, 자성이란 스스로 존재하는 우주의 영적 속성인 일원(一圓)을 인간의 영적 속성에 비유하여 표현할 때 사용하는 용어로서, 이는 공적성성한 무념(無念)의 자성정(自性定)인 본성(本性)과 공적영지한 무상(無相)의 자성혜(自性慧)인 분별성(分別性) 둘 다를 의미하는 용어이지요.

즉 우리의 영혼이 현실 세계에서 육근(六根)의 문을 열고 경계(境界) 속에서 육식(六識)을 인식하며 생활하다가, 육근의 문을 닫고 분별성과 주착심이 없는 정신인 본성에 입정(入定)하는 것을 회광(廻光)이라 한다면, 이 상태에서 다시 육근의 문을 열고 바깥 경계로 인식의 방향을 돌이켜 비추며 분별성을 발하며 출정(出定)하는 것을 반조(返照)라고 한다는 말이지요.

그래서 회광반조(回光返照)를 자성반조(自性返照)라고도 표현하는 것이랍니다.

2

성품의 회복

우주의 기(氣)와 영(靈)의 합(合)에 의한 성품이 원만하고 교묘하여 본래부터 생멸이 없건만 분별하는 마음이 있음으로 인하여 생각을 내어서 드디어 인연이 생긴 것이지요. 그러므로 하늘의 명(命)을 얻어 세상에 태어나니 이런 고로 명(命)이라 하지요.

천명(天命)이 서면 진공에 묘유가 나타나서 즉 경계를 따라 분별심이 생기게 되어, 전부터 있던 생각을 굴리어 의식이 되고, 의식작용이 흩어져 육근이 되며, 육근은 각각 분별이 있어 중간에 총지(摠持)하는 것이 있게 되는데 이를 마음이라 함이니, 마음이란 생각이 있는 곳이요, 정신의 집이며, 분별하는 것이며, 진과 망이 함께 처하는 곳이며, 범부와 성현의 기가 모이는 곳이지요.

일체중생이 시작 없는 옛날부터 생멸을 여의지 못하는 것은 모두이 마음에 때가 묻었기 때문입니다. 하여 모든 부처님이 오직 사람으로 하여금 이 마음을 깨닫게 하시니, 이 마음을 깨달으면 곧 자성을 본 것이요, 자성을 본즉 이는 지혜인 것이지요.

이것이 공적성성(空寂惺惺)한 본성에 있을 때는 모두 스스로 공적하여 맑아서 없는 듯하다가 연(緣)이 있어서 공적영지(空寂靈知)한 밝은 생각을 낸 이후에는 있는 것이 되는 것이지요. 생(生)이 있은즉 형(形)이 있으니 형상(形狀)이란 지수화풍이 모인 것이지요.

혈기로서 근본을 삼으니 태어난 자의 의탁할 바입니다.

혈기가 만족한즉 정기가 만족되고 정기(精氣)가 만족된즉 정신(精神)을 내고 정신이 만족되면 묘용(妙用)이 생깁니다. 그러니 묘용이란 마음이 육근의 문을 닫고 텅 비어 고요한 공적한 단전에 입정할 때 생기는 초롱초롱하게 깨어 있는 공적성성한 정신에 바탕한 상태에서 육근의 문을 열고 육진을 접하는 출정일 때 생기는 공적영지한 성품의 분별성인 마음을 의미하는 것이지요.

묘용은 기적(氣的)으로는 진공묘유의 조화라 표현하고, 영적(靈的)으로는 공적영지의 광명이라 하는데, 기(氣)와 영(靈)은 서로 갚아 있어서 공적영지의 광명을 따라 진공묘유의 조화가 영원토록 나타났다 사라지고 사라졌다 나타나기를 순환하는 것이지요.

형상의 사물을 만남을 인연한 고로 그것을 보고 작위할 따름이거늘, 범부는 혼미하여 사물만 따르고 성현은 지혜가 있어 사물에 응하는 것이지요.[1]

사람들은 왜 현생에 살다가 죽으면 모든 것이 끝이라며 영혼의 존재를 부정하는 것일까요?

그것은 자신의 마음이 탐진치(貪嗔癡)로 인해 공적성성하고 공적영지한 성품의 존재를 깨닫지 못하였기 때문입니다.

기독교의 하나님, 불교의 법신불인 영원불멸한 우주의 궁극적 진리인 일원은 우주의 모든 것들의 근원으로서, 기적(氣的)으로는 진공(眞空)의 텅 비어 고요한 공적(空寂)의 상태에, 영적(靈的)으로는 털끝만큼도 틀림없이 정확하게 분별하여 아는 영지(靈知)가 있습니다.

심은 대로 거두고 지은 대로 받게 하는 인과보응의 이치로서 인간을 포함한 모든 동물들의 제각기의 심신작용을 따라 정확히 반응하므로, 선하면 복을 받고 악하면 벌을 받게 하는 것이지요.

이 일원상진리는 무소부재한 가운데 전지전능하며 불생불멸한 가운데 인과보응하기 때문에 우리가 살아서나 죽어서나 영원히 적용됨으로써 인간을 포함한 동물들은 태어난 육신은 비록 죽으면 지수화풍으로 흩어진다 할지라도 영혼은 성품에 뿌리하고 있으므로 자신이 지은 바 심신작용에 따라 천상·인도·수라·아귀·축생·지옥이라는 육도를 윤회하게 됩니다. 그러니 육신이 사라진다고 해서 영혼도 같이 사라지는 것은 아니지요.

성품은 본연의 체(體)요, 성품에서 정신이 나타나며 정신은 성품과 거의 같으나 영령(靈靈)한 느낌이 있으며, 정신에서 분별이 나타나는 때가 마음이요, 마음에서 뜻이 나타나나니, 뜻은 곧 마음이 움직여 가는 곳을 의미하지요. 그리고 영혼은 허령불매(虛靈不昧)한 각자의 정신 바탕이지요.[2]

성품이란 우주만유의 본원으로서 영혼이 입정(入定)했을 때 생기는 공적성성한 본성 즉 정신과 출정(出定)했을 때에 생기는 공적영지한 분별성, 즉 마음을 의미합니다.

성품에서 정신이 나타난다는 말은 무엇을 의미할까요?
성품에는 본성인 정신과 분별성인 마음이 있습니다. 우리의 영혼이 단전주호흡을 통해 단전에 기운을 주하고 마음을 주하면 분별작용인 마음은 분별없는 정신 상태로 변하게 되는데, 이를 두고 성품에서 정신이 나타난다고 하는 것이지요.
성품과 거의 같으나 영령한 감이 있다는 정신은 두렷하고 고요하여 분별성과 주착심이 없는 경지인데, 이 경지는 일원의 원만구족(圓滿具足)한 상태를 의미하고 또한 지공무사(至公無私)의 바탕이 됩니다.

원만구족에서 원(圓)은 온전하다는 뜻으로서 영적으로 분별성과 주착심이 없는 성성(惺惺)한 상태를 의미하고, 만(滿)은 가득하다는 뜻으로서 기적으로 진공의 기가 가득 차 있다는 뜻이죠.
그러므로 원만구족이란 기적(氣的)으로 두렷하고 고요하여 막히고 걸림이 없는 진공이어서, 영적(靈的)으로 분별성과 주착심이 없이 밝게 깨어 있는 정신 상태를 의미합니다. 이는 기적(氣的)으로 두렷하게 텅 비어 고요한 진공(眞空)이기에 영적(靈的)으로 진공에서는 분별할 것이 없어서 분별성과 주착심이 일어나지 않으므로 이를 원적무별(圓寂無別)한 극락의 경지라고도 하고, 본성·입정·정신·공적성성(空寂惺惺)한 무념(無念)의 자성정(自性定)이라고도 하는 것입니다.

지공무사는 출정(出定)을 했을 때 이루어지는 공적영지(空寂靈知)한 무상(無相)의 자성혜(自性慧)인데 이는 본성에 바탕한 분별성의 마음이므로 지혜라고도 하고, 이러한 지혜는 광대무량한 낙원을 건설할 수 있는 능력을 발휘하지요.

두렷하고 고요하다는 말을 다르게 표현하면 텅 비어 고요함 즉 공적(空寂)이라 할 수 있는데, 기적(氣的)으로 공적(空寂)하기 때문에 영적(靈的)으로 입정일 때는 성성(惺惺)한 것이요, 출정일 때는 영지할 수가 있지요.

두렷하다는 말은 흐리거나 흐트러지지 않고 꽤 분명하다는 뜻으로써 사물의 실체를 분명하게 볼 수 있고 들을 수 있는 공간적인 의미입니다.

우주의 영(靈)과 기(氣)는 서로를 머금고 깊아 있기에 기적(氣的)으로 두렷하다는 말은 영적으로 입정(入定)일 때는 성성(惺惺)하고 출정일 때는 영지(靈知)할 수 있다는 의미입니다.

그렇다면 정신은 성품과 거의 같으나 영령한 감이 있다는 말은 무엇을 의미할까요?

성품에 뿌리를 박고 있는 개인의 영혼은 동(動)하면, 즉 출정(出定)하면 자신의 육근을 통해 분별하는 마음과 생각이 일어나서 기운이 소모되므로 영령한 감이 없습니다.

그러나 정(靜)하면, 즉 입정(入定)을 하면 분별성인 마음과 생각이 일어나지 않아서 기운이 소모되지 않고 단전주호흡을 통해 단전에 기가 쌓이면서 몸 전체로 번져 막힘없이 소통되겠지요. 그러면 음도 아니고 양도 아닌 무수한 미립자들로 이루어진 진공의 기운이 두뇌의 신경을 통해 영령하게 느껴진다는 의미입니다.

정신에서 분별이 나타나는 때가 마음이라는 말의 의미를 알아볼까요?

분별성이 없는 본성에 입정(入定)해서 정신 상태로 있던 우리의 영혼이 바깥 경계로 출정(出定)을 하면 육경(六境)에서 육식(六識)이라는 분별(分別)이 일어나는데, 이 분별을 마음이라 한다는 것이지요.

즉 우리의 영혼이 입정(入定)하여 정(靜)하면 '정신 상태'라는 것이고, 출정(出定)하여 동(動)하면 '마음 상태'라는 말입니다.

이를 비유하면 우리가 지상에서 비행기를 타고 태양의 반대쪽에 있으면 밤의 시간에 있는 것이고, 태양의 빛이 비치는 쪽에 있으면 낮의 시간에 있는 것이라는 말이지요.

또한 마음이 동(動)하여 가는 곳을 '뜻'이라고 하는 것은 분별하는 마음에 따라 이어지는 생각이 무엇을 어떻게 하기로 하려는 상태를 뜻하지요.

예를 들면 학교에 다니는 학생이 잠에서 깨어났을 때 '깨어났구나!' 하고 육근을 통해 분별하는 마음은 자연적인 천지의 식(識)인 성품의 분별성이라면, 깨어났을 때 기분이 좋다든지 싫다든지 하는 생각인 자기감정이 개입되면 이를 분별심이라 하는 것이며, 수업을 듣기 위해 학교에 가겠다는 생각은 뜻이라는 말이지요.

뜻이 목적이 있는 생각이라면, 생각이란 분별인 마음이 계속해서 이어지는 것을 의미하지요.

마음이란 위로는 성품과 정신이 있고 아래로는 생각과 뜻이 있기에 이들 전체를 대표해서 마음이라고 하는 것이랍니다.

영혼이란 허령불매한 각자의 정신 바탕이라는 말은 무엇을 뜻할까요?

허령불매는 공적영지와 비교되는데, 공적영지가 텅 비어 고요한 가운데 신령스럽게 아는 성품이라면, 허령불매는 텅 빈 가운데 신령스러운 영지가 어둡지는 않다는 뜻입니다. 이는 제각기 영혼들의 영적인 밝음의 차이가 탐진치에 가린 무명(無明) 중생의 영지에서부터 공적영지한 성품의 수준에 이르기까지 아주 다양하다는 뜻이지요.

그러므로 '각자의 정신 바탕'이라는 말의 의미는 정신과 마음을 합쳐서 성품이라 하므로 정신의 바탕은 마음이고 마음의 바탕은 정신이기 때문에 각자의 영혼은 서로 다른 마음씨와 서로 다른 정신 수준이라는 것이지요.

따라서 앞에 허령불매라는 말이 전제되어 있으므로 이는 각자의 성품이 제각기의 정신 상태가 맑거나 탁한 정도에 따라서 제각기 마음을 사용하는 방법이 지혜롭거나 어리석음에 차이가 있음을 의미합니다.

다시 말해서 영혼이란 성품에 뿌리를 두고 있는 제각기의 영식(靈識)으로서 성품과 하나로 통하지만, 제각기의 정신 상태가 밝거나 어둡거나에 차이가 있기 때문에 무명의 중생에서부터 깨달은 부처에 이르기까지 실로 다양한 마음작용을 하는 영혼들이 있으므로 영혼은 허령불매한 각자의 정신 바탕이라고 하여 제각각이라는 의미를 부여하는 것이지요.

즉 허령불매한 각자의 정신이 어느 정도로 맑고 밝은지에 따라서 공적영지한 성품대로 마음을 사용할 수 있느냐 없느냐의 차이가 나는 것이 영혼이라는 것이지요.

인간을 포함한 우주만유는 하나의 근원인 본원이 있는데, 이를 불교에서는 청정법신불, 유교에서는 무극(無極), 도교에서는 도(道), 기독교에서는 하나님, 원불교에서는 일원(一圓)이라고 표현합니다.

이 본원은 영적(靈的)인 면과 기적(氣的)인 면이 서로 갋아 있어서, 영적으로는 공적영지의 광명이 있고 기적으로는 진공묘유의 조화가 있지요.

이 기적인 진공묘유의 조화에는 영적인 공적영지의 광명이라는 속성이 깔아 있는데, 이 영적인 속성은 진공에서 우주만유를 무한히 만들어 내었다가 다시 진공으로 거두어들이는 묘한 조화를 부립니다. 기독교에서는 이를 완전히 알고 완전하게 행할 수 있는 전지전능한 하나님은 아니 계신 곳이 없이 무소부재한 존재로서 창조와 파괴를 주관하는 주재자라고 하지요.

그렇게 궁극적 진리인 우주의 본원인 성품은 영적으로는 공적영지의 광명이 있어서 우주를 성주괴공으로 변화시키면서도 인간을 포함한 동물의 영혼이 뿌리를 박고 있는 바탕이 되고, 영혼들이 심신으로 지은 바대로 육도로 윤회를 시키며, 기적으로는 텅 빈 진공이지만 이 진공은 우주만유를 생동하게 하는 힘의 근본으로서 한 기운(氣運)이 됩니다.

이러한 기운이 움직여서 음양(陰陽)이 나타나고, 음양이 움직여서 수·화·목·금·토 오행(五行)이 나타나고, 오행이 움직여서 삼라만상(森羅萬象)이 나타났다가 또다시 시간의 흐름에 따라 삼라만상은 제각기 자체의 수명에 의해 다시 파괴되고 소멸하여 진공으로 돌아가는 것이지요.

이렇게 진공에서 묘유로, 묘유에서 진공으로 영원히 돌고 도는 것을 진공묘유(眞空妙有)의 조화(造化)라고 하고 이 영원한 진공묘유의 조화는 그 속에 공적영지의 광명이라는 속성이 있기에 가능한 것이랍니다.

사람의 영혼이 뿌리하고 있는 성품에는 육근(六根)의 문을 닫고 단전에 의식을 주하고 단전주 호흡을 하면 기적(氣的)으로 텅 비어 고요한 공적(空寂)한 가운데, 영적(靈的)으로 분별성과 주착심이 없으면서 신령스럽게 밝게 깨어 있는 성성(惺惺)한 회광(廻光) 즉 입정(入定) 상태인 정신이 있고, 자신의 영혼이 입정 상태인 정신에 있다가 육근(六根)의 문을 열고 반조(返照) 즉 출정을 하면 육경(六境)에서 육식(六識)이라는 분별인 마음이 있습니다.

마음에도 공적영지의 분별만 있는 분별성일 때의 마음과 분별에 따라 좋다거나 싫다는 등등의 자신의 감정이 개입된 분별심일 때의 마음이 있지요.

마음은 분별작용일 뿐이고 결코 나의 영혼이 아니며 단지 내 영혼의 영적 도구일 뿐이지요.

그런데 이러한 엄연한 사실을 모르는 사람들은 마음이 참자기인 것으로 착각하여 경계 따라 일어나는 마음에 의해 무명의 욕심과 욕망으로 생각하고 행동하게 됩니다. 그래서 결국 감정의 노예로 전락하여 끝없는 망상과 착각의 함정에 빠지게 되는데, 여기에서 빠져나

오지 못하면 결국 불행한 삶을 살 수밖에 없게 되는 것이지요.

　우리가 마음을 사용할 때 온전한 정신으로 본성에 바탕하여 올바르게 사용하면 심신의 행복이 장만되겠지만, 성품을 떠나 욕심과 욕망의 마음으로 불합리하고 무지하게 살다가 죽으면 악도에 떨어지는데, 영혼은 12가지 인연으로 윤회를 하게 됩니다.

　과거 · 현재 · 미래 모든 생령의 윤회하는 현상을 살펴보면, 직업도 천종만종이요 사는 것도 천차만별이나 이를 두 가지로 나누어 보면 하나는 집착의 세계요 다른 하나는 해탈의 세계입니다.

　집착의 세계는 탐심(貪心) · 진심(嗔心) · 치심(癡心)의 지배하에 밝은 정신을 어둡게 하고 순일하고 온전한 정신을 흩어 버리며 내일은 어떻게 될지언정 오늘만 좋게 하려는 죄짓는 재미로 사는 세계를 말합니다.

　이에 반해 해탈의 세계는 정(定) · 혜(慧) · 계(戒)의 지배하에 정신을 차려 흐트러진 정신을 모으고 어두워진 정신을 밝히며 오늘은 괴로우나 내일을 위해서 복 짓는 재미로 사는 세계지요.

　탐(貪) · 진(嗔) · 치(痴)의 삼독심(三毒心)으로 일생을 허덕이다가 죽게 된 사람은 죽는 찰나에 어두운 무명(無明)에 가린 영혼이, 갈 길을 모르고 방향 없이 돌아다니다가(行: 다닐 행), 다시 새 몸을 받게 될 때에는 영혼이 무명인지라 사람은 육축(六畜: 소·말·염소·개·돼지·닭)으로 보이고 육축은 화려한 사람으로 보여 잘못 알아서(識), 마침내 음욕(淫慾)을 타고 아무렇게나 수태(受胎)되지요.

그 수태된 대로 태중에서 얼마를 지내면 정신과 육신이 나타나고(名色), 또 얼마 뒤에는 육근(눈·코·귀·입·몸·생각)이 갖추어지며(六入), 다시 얼마가 지난 뒤에는 태중에서 나와 천지 대기(大氣)를 접촉하게 되고(觸), 접촉한 뒤에는 한서(寒暑)와 기근(饑饉)을 받아들이게 되고(受), 한서와 기근을 받아들인 뒤에는 차차 증애심(憎愛心)이 나게 되고(愛), 증애심이 일어난 뒤에는 취할 것은 취하고 버릴 것은 버리는 취사하려는 마음이 생기고(取), 취사하려는 마음이 생긴 뒤에는 좋은 것은 쌓아 두려는 욕심이 생겨서(有), 일생동안 그 욕심의 지배 아래 살다가(生), 늙고 죽으면(老死) 또다시 살았던 생전에 심신으로 지은 바 업력에 따라 영원한 세월을 육도로 윤회를 하며 12인연을 따라 굴러다니게 되는 것이지요.

그러나 정(定)·혜(慧)·계(戒)로 살아가는 깨달은 자에게는 일생을 마음을 챙기고 살므로 설사 죽는다 할지라도 사는 것은 낮과 같고 죽는 것은 밤과 같아서 밤이 비록 어둡다 할지라도 전등이나 불을 가지면 낮과 같지는 못하나 무엇에 걸리거나 고랑에 빠지지 않는 것과 같이, 지혜의 광명을 얻은 영혼은 수태되어 몸을 받게 될 때에는 음욕으로 들지 아니하고 빈집을 골라 들어가듯 부모에게 의탁하여 영식(靈識)이 입태되고 또다시 순서를 따라서 세상에 태어나 성품의 공적영지의 광명을 깨달아 법도 있게 살다가 법도 있게 죽으면 또다시 법도 있게 태어나지요.[3]

기독교 성경에 나오는 창세기편을 보면, 하나님이 에덴동산을 만드시고 거기에 남자인 아담과 여자인 하와가 행복하게 살도록 하면서 에덴동산의 가운데에 있는 선악과나무의 열매는 따 먹지 말라고 하며 그것을 따 먹으면 너희가 죽게 된다, 즉 타락하여 지옥에 떨어진다고 하였지요.

그러나 아담과 하와는 그 말씀을 소중하게 여기지 않았으므로 그것을 안 뱀이 어느 날 나타나 하와를 유혹하여 하나님의 말은 거짓말이니 선악과나무의 열매를 따 먹으면 너희들도 하나님과 같이 선악을 알 능력을 갖게 될 것이라고 말합니다.

그 말을 들은 하와가 선악을 알고자 하는 욕망에서 기어이 선악과를 따 먹고는 남자인 아담에게도 권하여 주니 아담도 그것을 받아먹은지라, 결국 아담과 하와는 하나님의 말씀을 거역한 결과 전지전능한 하나님같이 선악을 바르게 보고 바르게 판단하여 행하는 능력이 아니라, 이기주의적인 욕망과 집착에 의해 선악을 보고 판단하여 행함으로써 원죄를 짓게 되어 불행과 고통의 삶을 살게 되었다는 것이지요.

여기서 우리는 기독교 성경의 창세기에 나오는 사람과 말을 했다는 뱀의 상징된 숨은 의미를 '우리의 성품은 원래 청정하나, 경계를 따라 그 성품에서 순하게 발하면 선(善)이 되고 거슬러 발하면 악(惡)이 되나니 이것이 선악의 분기점이요, 바르게 발하면 정(正)이 되고 굽게 발하면 사(邪)가 되나니 이것이 정사(正邪)의 분기점이요, 가리움을 받으면 어둠이 되고 참이 나타나면 밝아지나니 이것이 지우(智愚)의 분기점이라는 것'으로 이해할 수가 있지요.[4]

아담과 하와에게 하나님을 거역하고 선악과를 따 먹도록 원죄를 범하게 한 뱀은 몸을 둥글게 굽은 모양으로 하여 있다가도 이동할 때도 S자처럼 굽은 모양으로 이동하는 특성을 지닌 동물입니다. 또한 비탈진 곳에서는 아래로 이동하는 것보다 위로 거슬러 올라가는 것을 더욱 잘하며, 햇빛이 가려진 그늘이나 땅굴 같은 가려진 곳에서 서식하지요.

이처럼 우리의 영혼이 자신의 마음을 사용하여 눈·코·귀·입·몸의 감각과 생각이 일어날 때 우주의 본원인 성품에 바탕하지 않고 욕심으로 생각하여 굽고 거스르고 가려서 어두운 마음으로 부정과 비리를 저지르며 정신적으로 타락하여 죄를 범하기를 좋아하는 심신작용을, 기독교에서는 창세기편에 인간과 대화하는 뱀을 상징적으로 등장시켜 뱀의 굽은 모양, 거슬러 오르는 동작, 가려진 곳에서 살아가는 생태적 특성을 통해 비유적으로 이야기하고 있는 것임을 알 수가 있지요.

몸과 마음을 잘못 사용하여 타락되어 가는 인간과 부패해 가는 사회에서 인간성을 회복하여 정신과 육신이 건강하고 은혜롭게 살아갈 수 있는 방법은 없을까요?

지구 곳곳에서 벌어지고 있는 평화를 깨는 테러와 전쟁, 인간성 상실의 부정과 비리로 얼룩진 사회와 폭력과 모략이 활개 치는 사회를 자비와 사랑이 충만한 은혜로운 사회로 만들 수 있는 방법은 무엇일까요?

석가 · 노자 · 공자 · 예수 · 소크라테스 · 소태산 등등의 성자들이 전해 주신 무한하고 영원한 행복을 우리들은 어떻게 하면 똑같이 누릴 수 있을까요?

우리 인류에게 탐욕과 분노와 어리석음으로 인한 불행과 비극의 삶이 끝장나고, 지혜와 용기와 희망이 가득한 행복하고 은혜로운 삶을 영원토록 누리는 것만큼 더 중요한 것이 또 있을까요?

물질문명은 날마다 발전되고 개벽이 되어 가는 데 비하면 우리 인간의 정신은 물질을 선용하여 물질문명처럼 정신문명도 발전시켜 행복을 누리기는커녕 오히려 탐욕으로 인해 물질의 노예로 전락하여 불행과 비극을 자초하고 있으니 이 얼마나 어리석은 삶인가요.

이제 우리는 이러한 잘못된 고리를 과감히 끊어 내고 본성에 바탕한 지혜로운 마음과 생각으로 행복한 삶을 살아야 하지 않을까요.

3

일원상진리
(一圓相眞理)

일원상진리는 소태산 대종사님께서 깨달으신 우주의 궁극적인 진리인데, 그 내용에 대한 해석을 해 드리겠습니다.

일원은 우주만유의 본원(本源)이며, 제불 제성의 심인(心印)이며, 일체중생의 본성이며, 대소유무에 분별이 없는 자리며, 생멸거래에 변함이 없는 자리며, 선악업보가 끊어진 자리며, 언어명상이 돈공(頓空)한 자리로서, 공적영지의 광명을 따라 대소유무에 분별이 나타나서 선악업보에 차별이 생겨나며, 언어명상이 완연하여 시방삼계가 장중에 한 구슬같이 드러나고, 진공묘유의 조화는 우주만유를 통하여 무시광겁에 은현자재(隱顯自在)하는 것이 곧 일원상의 진리니라.[5]

"일원은 우주만유(宇宙萬有)의 본원(本源)이며"

일원은 우주의 모든 것의 근원으로서, 기적(氣的)으로는 진공묘유의 조화에서 진공에 해당되는 근본적인 면과 묘유에 해당되는 작용적인 면이 있습니다.

이 진공은 파장이면서도 또한 음도 아니고 양도 아닌 무수한 미립자가 순간적으로 빛을 내며 생겼다가 사라지기를 반복하는 근본적인 면이 있는데요, 이 근본에서 음(陰)과 양(陽)이 생겨나고 음과 양에서 수 · 화 · 목 · 금 · 토 오행(五行)이 생겨납니다.

이 오행에서 다양한 우주 만물이 생겨나게 하였다가 시간의 흐름에 따라 파괴되어 다시 진공으로 사라지게 하는 작용적인 면이 있는데, 이러한 물질의 근본적인 면과 작용적인 면이 진공묘유의 조화로 순환될 수 있는 데에는 이 속에 공적영지라는 영적인 속성이 존재하고 있기 때문이지요.

그리고 이 영적 속성도 근본적인 면과 작용적인 면이 있는데, 우리의 영혼을 예를 들어 설명해 보겠습니다.

근본적인 면으로는 우리의 영혼이 육근의 문을 닫고 단전에 기운을 주하는 단전주를 통해 진공에 합일한 입정상태에서는 육근(六根) 작용이 멈추어 분별인 육식(六識)이 일어나지 않으므로 밝게 깨어 있는 성성(惺惺)한 정신 상태이지요.

하지만 진공에 합일했던 영혼이 육근의 문을 열고 바깥 세계를 접하는 출정상태에서는 육경(六境)에서 육식(六識)인 분별이 일어나는데, 이를 영지(靈知)한 마음 상태라 하며, 이 성성한 정신과 영지한 마음을 영적인 양면성이라 하는 것이지요.

따라서 '일원은 우주만유의 본원'이라 할 때 '본원'의 의미는 기적으로는 진공(眞空)이고 영적으로는 성성(惺惺)한 상태를 의미하는 것이랍니다.

"제불(諸佛) 제성(諸聖)의 심인(心印)이며"

제불(諸佛) 제성(諸聖)의 심인(心印)이란 모든 부처 모든 성인(聖人)들의 마음 도장이라는 뜻으로서, 마음이란 분별을 뜻하고, 도장은 찍을 때마다 항상 똑같은 모양이 나타나게 되죠.

즉 제불 제성의 심인이란 분별을 하는 모든 부처와 성인들의 마음이 항상 똑같은 분별을 할 때를 의미하는데, 이러할 때는 성품의 분별성, 즉 공적영지의 광명이 발하는 때를 의미합니다.

우리의 영혼은 성품에 뿌리를 두고 있고, 성품은 공적성성한 정신인 본성과 공적영지한 마음인 분별성으로 구분되는데, 본성인 정신은 분별성인 마음의 근본인 체(體)가 되고 분별성인 마음은 본성인 정신의 용(用)이 되지요.

그런데 제불 제성의 분별은 공적영지한 무상(無相)의 분별의 마음이므로 탐진치에 물든 중생의 분별심과는 차원이 다른 것이지요.

다시 말해서 모든 부처 모든 성인들의 영혼은 우주의 궁극적이고 절대적인 진리인 성품에 온전히 뿌리를 박고 있으므로 마음이 일어나도 자기 개인적인 생각이 일어나기 전의 우주의 유일무이한 성품의 공적영지한 분별성이 공통적으로 일어남을 체험할 수 있으므로 이를 두고 똑같은 모양을 나타내는 도장에 비유하여 심인(心印)이라고 하는 것입니다.

"일체중생(一切衆生)의 본성(本性)이며"

중생들은 탐진치(貪瞋痴)에 물든 생각을 하기 때문에 그 마음이 성품에서 발할 때 굽고 거스르고 가리어서 어두우므로 바르게 보고 바르게 판단하지 못합니다. 그래서 마음도장을 찍으면 제불제성처럼 공적영지의 광명에 의한 하나로 일치된 성품의 분별성이 나타나지 않고, 제각기마다의 욕심에 의한 무명의 중생심이 다양하게 나타나지요. 이 때문에 중생들에게는 심인이 아니라 본성이라 표현을 하는 것이고요.

다시 말해서 일원의 영적(靈的) 표현인 성품에는 공적성성한 본성인 정신과 공적영지한 분별성인 마음이 함께 존재하는데, 이를 표현함에 있어서 공적성성한 면으로서 일체중생의 본성이나 제불 제성의 본성이란 표현은 가능하고, 공적영지한 면으로서 제불 제성의 심인이란 표현은 가능하지만 일체중생은 자기라는 상(相)이 마음에 개입되어 있기에 제각기 마음의 모양이 달라서 찍을 때마다 똑같은 모양을 나타내는 도장이란 표현은 불가능하므로 일체중생의 심인이라는 표현은 될 수 없으므로 '일체중생의 본성'이라고 하는 것이지요.

"대소유무(大小有無)에 분별이 없는 자리며"

① 대(大): 우주만유의 나타나지 않은 근본 자리로서 물질적으로는 진공의 상태, 영적으로는 진공의 고요한 공적상태에 별처럼 초롱초롱하게 빛나는 성성한 정신 상태로써 자성의 정이 세워진 입정의

상태를 뜻합니다.

② 소(小): 물질적으로는 우주만유가 제각기 형형색색으로 나타난 모양, 정신적으로는 육경을 통해 육식으로 일어나는 여러 가지 다양한 마음과 생각들을 의미합니다.

③ 유무(有無): 물질적으로는 우주만유가 유에서 무로 무에서 유로, 소에서 대로 대에서 소로 변화하는 것이며, 진공에서 묘유로 묘유에서 진공으로의 조화이며, 정신적으로는 공적영지한 자성혜에서 공적성성한 자성정으로, 공적성성한 자성정에서 공적영지한 자성혜로 정신과 마음과 생각이 생겼다가 사라지고 사라졌다가 다시 생겨나는 변화를 말합니다.

인간의 성품에는 정과 혜가 있는데, 여기서의 분별이 없는 자리라고 할 때는 성품의 정에 입정을 하였을 때를 의미합니다. 이때의 사람의 영혼은 우주의 공적영지의 광명을 안으로 자신의 중심인 단전을 통해 진공을 비추는 회광의 상태이고, 밖으로 반조를 하지를 않음으로 인해 육근을 통한 마음과 생각이 일어나지 않아 분별이 없는 상태라는 것이지요.

사람이 일상생활(日常生活)을 할 때 정신적인 휴식상태라고 할 수 있는 자성의 정을 세우는 입정을 할 줄을 모르면, 눈으로 보고 귀로 듣고 코로 냄새를 맡고 입으로 음식을 먹고 몸으로 감촉하여 분별하는 마음이 일어날 때, 그 분별하는 마음을 따라 자신이 좋아하는 것에만 집착하는 생각을 쉬지 않고 계속하게 되지요. 그로 인해 결국은 정신력이 피폐해져 착각과 망상, 신경쇠약, 불면증, 우울증, 치매, 사이코패스 상태를 일으키게 되어 정신병이라는 불행한 비극을 맞게 되는 것이지요.

이처럼 우리가 대소유무에 분별이 없는 공적성성한 자성의 정에 들어갈 능력이 있느냐 없느냐 하는 것은 우리가 차를 운행할 때 달리다가 위험에 직면하면 브레이크를 잡아 차를 멈출 수 있느냐 없느냐 하는 것과 같이 대단히 중요한 일입니다.

그러나 사람들은 눈에 보이는 차의 브레이크를 잡는 기술에 대한 중요성은 인식하여 열심히 배우면서도 진정 그 차를 운전하는 우리의 마음을 멈추고 조절하는 기술은 등한시하기에 진정 원하는 행복은 오지 않고 불행하게도 원하지도 않는 비극을 맞게 되는 것이지요.

"생멸거래(生滅去來)에 변(變)함이 없는 자리며"

우리가 살았을 때나 죽었을 때나 우주의 궁극적 진리인 일원에는 성품인 공적성성(空寂惺惺)한 면과 공적영지(空寂靈知)한 면이 있어서 우리가 과거에 지은 바는 지은 바대로 과보를 주고 또한 현재부터 새로이 마음 사용을 어떻게 하느냐에 따라 그것에 맞게 복과 벌을 받게 하는데, 이는 심신(心身)에 생멸거래가 있을지라도 일원의 진리는 이 변화에 휩쓸려 가지 않고 이를 총섭하고 주관하는 우주의 절대적인 진리로서 항상 변함없이 존재한다는 뜻이지요.

"선악업보(善惡業報)가 끊어진 자리며"

우주의 궁극적 진리인 일원은 공적영지의 광명이 발하지 않는 자성에 입정한 공적성성한 상태에서는 분별의 인식작용이 정지된 상태이므로, 좋다거나 싫다는 인식 자체가 불가능하여 업을 짓지 않게 됩니다. 그러니 선과 악에 대한 과보도 없다는 뜻이지요.

"언어명상(言語名相)이 돈공(頓空)한 자리로서"

우주의 근원적 진리인 일원은 물질적으로는 진공이라 분별할 대상이 없고 또한 정신적으로도 공적한 가운데 성성함이라 분별의 인식작용이 정지된 입정의 상태이므로, 언어나 명상에 대한 인식작용이 일어나지 않는다는 뜻이지요.

"공적영지(空寂靈知)의 광명(光明)을 따라"

제불(諸佛) 제성(諸聖)의 심인(心印)인 공적영지의 분별성이 일어나면.

**"대소유무에 분별이 나타나서 선악업보에 차별이 생겨나며,
언어명상이 완연하여 시방삼계가 장중에 한 구슬같이 드러나고"**

일원의 공적영지의 광명은 지극히 밝고, 지극히 정성스럽고, 지극히 공정하고, 순리자연하고, 광대무량하고, 영원불멸하고, 길흉이 없고, 응용에 무념하므로[6] 모든 분별과 차별이 털끝만큼도 틀림없이 분명하여 인과응보가 확실하다는 뜻이지요.

**"진공묘유의 조화는 우주만유를 통하여 무시광겁에 은현자재
(隱顯自在)하는 것이 곧 일원상의 진리니라."**

일원상진리는 우주의 모든 것을 시작도 끝도 없는 영원한 시간 속에서 공적영지의 광명을 따라 진공묘유의 조화를 이룬다는 뜻이지요.

진공이 기적(氣的)으로는 음도 아니고 양도 아닌 입자이면서도 파장의 상태라면, 영적(靈的)으로는 공적성성(空寂惺惺)한 무념(無念)의 자성정(自性定)에 입정을 하면 두렷하고 고요하여 분별성과 주착심이 없는 정신이 나타납니다. 그리고 묘유(妙有)가 기적(氣的)으로는 음양과 오행의 작용으로 나타나는 삼라만상이라면, 영적으로는 공적영지(空寂靈知)의 광명을 따라 일어나는 분별인 마음과 생각을 의미하지요.

즉 진공묘유의 조화는 물질적으로 음도 아니고 양도 아닌 진공상태에서 묘유로 생겨났다가 또다시 없는 상태로 사라지는 것을 의미하는데, 이러한 작용이 가능한 것은 진공묘유의 조화 속에는 영적으로 공적영지의 광명이 있기 때문입니다.

이처럼 공적성성하고 공적영지한 성품을 깨달은 영혼은 지혜가 있어서 극락과 낙원을 체험하며 은혜롭고 행복한 삶을 살아갈 수 있지만, 이를 깨닫지 못한 영혼은 탐진치로 인한 무명(無明)의 중생심으로 살아가기에 아무리 돈과 명예와 권력을 가지고 있어도 진정한 행복을 못 느끼고 상(相)에 얽매여서 악도로 떨어질 심신을 작용하며 살아가므로 육도 중에서 제불(諸佛) 조사(祖師)들처럼 천상과 인도를 자유롭게 오고 가는 윤회의 삶을 살지 못하고 불행하게도 수라·아귀·지옥·축생이라는 악도 윤회의 삶을 살게 되는데 이유는 우주에는 영원불멸한 가운데 인과보응하는 일원상진리의 공적영지의 광명이라는 속성이 있기 때문이지요.

4

게송
(偈頌)

유(有)는 무(無)로 무는 유로
돌고 돌아 지극(至極)하면
유와 무가 구공(俱空)이나
구공 역시 구족(具足)이라.[7]

이 게송은 소태산 대종사님께서 우주의 진리인 일원상 진리를 깨
달으시고 이를 함축적으로 표현한 글귀로서, 이를 해석하면 다음과
같습니다.

**"유(有)는 무(無)로 무는 유로
돌고 돌아 지극(至極)하면"**

여기서 유(有)는 있는 면으로서 물질적으로는 눈으로 볼 수 있고
손으로 만질 수 있는 형상적(形相的)인 상태이고, 영적으로는 마음
과 생각이 일어난 분별성의 상태라면, 무(無)는 없는 면으로서 물질
적으로는 눈에 보이지도 않고 손으로 잡을 수도 없는 형상이 없는
진공상태이고, 영적으로는 마음과 생각이 일어나지 않은 본성인 정
신 상태를 의미하지요.

우주는 기적(氣的)으로 또는 영적(靈的)으로 유(有)에서 무(無)로,
무에서 유로 계속해서 돌아가며 변화하는데, 이렇게 유(有)와 무(無)
가 끊임없이 영원토록 순환하면

"유(有)와 무(無)가 구공(俱空)이나
구공(俱空) 역시 구족(具足)이라"

유(有)와 무(無)는 다 함께(俱) 공(空)에 바탕하여 있기 때문에 이를 구공(俱空)이라 하는데 그러나 이 구공(俱空) 역시 눈에 보이는 우주의 삼라만상(森羅萬象)으로 만족스럽게(足) 모두 다 갖추어져(具) 있음과 같도다.

그러면 유와 무가 함께(俱) 비어(空) 버린 구공(俱空)이 어찌하여 만족스럽게(足) 갖추어진(具) 삼라만상 같은 구족(具足)과 같다는 것일까요?

이는 공(空) 속에는 공적영지(空寂靈知)한 진리가 깊아 있어서 이를 진공(眞空)이라 하는데, 이 진공의 특성은 눈에 보이는 유의 세계와 눈에 보이지 않는 무의 세계를 총섭하고 주관하는 역할을 하지요.

유(有)가 눈에 보이는 것을 의미한다면, 무(無)는 눈에 보이지 않는 것을 의미하지요.

그러므로 유(有)에서 무(無)로 변했다고 유(有)가 아예 없어진 것이 아니라 다만 인간의 눈에 보이는 형태만 사라졌을 뿐 그 속성은 공(空)에 그대로 남아 있게 되는데 그 이유는 공(空) 속에는 기적(氣的)으로 음양상승(陰陽相昇)하고 영적(靈的)으로 인과보응(因果報應)하는 공적영지한 진리가 깊아 있기 때문이지요.

구공 역시 구족이라는 글귀를 영적인 측면으로 설명하면, 육근(六根)의 문을 닫고 진공의 기(氣)가 모이는 단전(丹田)에 의식(意識)을 집중했을 때는 유(有)와 무(無)가 다 함께 공(空)한 유무초월(有無超越)한 공적성성한 구공(俱空) 상태를 체험할 수 있지만, 육근의 문을 열고 바깥 경계를 접하면 묘(妙)하게도 텅 빈 가운데 신령스럽게 아는 공적영지(空寂靈知)하는 마음과 생각이 일어나는 묘유(妙有)의 상태가 되는데, 이를 구족이라 하는 것이지요.

즉 우리가 의식을 육근의 문을 닫고 진공에 두느냐, 육근의 문을 열고 바깥 경계를 접하느냐에 따라 구공(俱空)이 되기도 하고 구족(具足)이 되기도 한다는 것이지요.

5

원만구족(圓滿具足)과
지공무사(至公無私)

우주의 궁극적이고 절대적인 진리인 일원상진리를 깨달으신 소태산 대종사님께서는 일원은 원만구족한 것이며 지공무사한 것이라 하시며 육근을 사용할 때 그렇게 활용하라고 하셨지요.

그렇다면 원만구족과 지공무사는 어떤 의미일까요?

먼저 원만구족(圓滿具足)의 글자를 살펴보면, '둥글, 온전할 원(圓)', '찰 만(滿)', '갖출 구(具)', '발, 근본 족(足)'으로 구성되어 있습니다. 여기서 '원'은 둥글다, 온전(穩全)하다는 의미의 글자인데, '온전하다'에서 온(穩)은 평온하다, 풍부하다, 편안하다는 의미의 글자이고, 전(全)은 완전하다는 의미이지요.

이를 해석하면 온전할 원(圓)이라는 글자가 영적으로 생각과 뜻이 발하기 이전인 성품의 본성인 정신을 의미한다면, 만(滿)이라는 글자는 기적(氣的)으로 물질로 나타나기 전의 에너지가 부족함이 없이 가득 차 있는 진공의 기를 의미하는 말로서, 원만구족이라는 말은 영적인 면과 기적인 면의 근본이 만족스럽게 다 갖추어져 있다는 뜻이지요.

또한 지공무사(至公無私)는 '이를, 지극할 지(至)', '공변될, 숨김 없이 드러낼 공(公)', '없을 무(無)', '개인, 사사로울 사(私)'로 구성된 용어로서, 이를 해석하면 영적(靈的)으로 사사(私邪)가 없이 지극히 공변되다는 의미이지요.

이러한 원만구족과 지공무사를 우리의 육근을 사용할 때 활용할 때에는 먼저 원만구족으로써 육근의 문을 닫고 단전에 영혼을 주(住)하여 우주의 근원적인 기인 진공의 기를 몸속에 가득 채우는 단전주호흡을 합니다. 이를 통해 몸 전체에 공적(空寂)한 진공의 기를 충만하게 하고 영적으로는 분별성과 주착심이 없는 성성(惺惺)함이 되도록 하는 것인데, 이는 두렷하고 고요하여 분별성과 주착심이 없는 정신을 양성함을 의미하지요.

다음으로 지공무사는 성품이 동(動)하여 분별성의 마음이 발할 때 마음인 분별이 계속해서 이어지는 생각과 그 생각이 동하여 가는 곳인 뜻이 삿됨이 없이 공정하도록 하는 것이지요.

대종사님께서는 왜 우리에게 원만구족하고 지공무사한 일원을 닮으라고 하셨을까요?

왜냐하면 영적(靈的)으로 성성(惺惺)하여 온전해야 건전한 영혼이 되고, 기적(氣的)으로 진공이 충만(充滿)하여 기혈이 원활하게 순환해야 건강한 신체를 이루어서 원만구족한 정신과 지공무사한 마음으로 행복한 삶을 영위할 수 있기 때문이지요.

그리고 원만이라는 용어는 원만구족의 줄임말이고, 원만구족은 지공무사의 바탕이 되므로, 원만하다는 말은 원만구족하고 지공무사하다는 말임을 짐작할 수 있지요.

6

일원상 진리와
공(空)·원(圓)·정(正)

소태산 대종사님께서 말씀하셨습니다.

"일원의 진리를 요약하여 말하자면 곧 공(空)과 원(圓)과 정(正)이니, 양성에 있어서는 유무초월한 자리를 관(觀)하는 것이 공이요, 마음의 거래 없는 것이 원이요, 마음이 기울어지지 않는 것이 정이며, 견성에 있어서는 일원의 진리가 철저하여 언어의 도가 끊어지고 심행처가 없는 자리를 아는 것이 공이요, 지량(知量)이 광대(廣大)하여 막힘이 없는 것이 원이요, 아는 것이 적실하여 모든 사물을 바르게 보고 바르게 판단하는 것이 정이며, 솔성에 있어서는 모든 일에 무념행(無念行)을 하는 것이 공이요, 모든 일에 무착행(無着行)을 하는 것이 원이요, 모든 일에 중도행(中道行)을 하는 것이 정이다." [8]

이제부터는 성품을 기르는 양성일 때, 성품을 깨달아 아는 견성일 때, 성품대로 자신을 다스리는 솔성일 때 각각의 공과 원과 정에 대해서 알아보도록 하겠습니다.

1) 양성(養性)일 때

"유무초월한 자리를 관(觀)하는 것이 공(空)이요"

육근(六根)의 문을 열면 눈·귀·코·혀·몸·생각이라는 육근과 육근의 대상이 되는 육진(六塵) 사이의 육경(六境)에서 앎인 육식(六識)이라는 분별이 일어나지만, 육근의 문을 닫고 몸에서 진공의 중심인 단전에 마음을 주하면 텅 비어 고요한 가운데 밝게 깨어 있는 초롱초롱한 정신이 나타나는데, 이 상태는 텅 빈 진공이라 분별할 것이 없으므로 분별성이 없는 상태이지요.

　즉, 기적(氣的)으로 텅 비어 고요한 가운데 영적(靈的)으로 유와 무에 대한 분별성이 없는 가운데 밝게 깨어 있는 공적성성한 정신 상태인데, 이를 유무초월이라 하고, 자신의 영혼이 이 자리에 합일된 상태를 **유무초월한 자리를 관(觀)하는 것이라 하고 이를 양성일 때 공(空)이라고 한다는 것이지요.**

"마음의 거래(去來) 없는 것이 원(圓)이요"

　두렷하고 고요하여 분별성과 주착심이 없는 경지인 정신을 양성할 때는 단전에 있는 공적성성한 정신에 영혼을 안주(安住)하고 있으면, 바깥에서 육경(六境)의 육식(六識)이 일어나더라도 자신의 영혼에는 침범해 들어오지를 못하죠.

　분별이라는 마음이 들어온 바가 없으니 나갈 분별도 없는데, 이를 두고 마음의 거래가 없는 것이라 하고 이를 양성일 때의 원(圓)이라고 하는 것이지요.

"마음이 기울어지지 않는 것이 정(正)이며"

본성에 입정(入定)하여 유무초월한 자리를 관(觀)하고, 마음의 거
래가 없으면, 주착(住着)할 마음도 없으므로, 이를 두고 마음이 기
울어지지 않는 것이라 하고 이를 양성일 때의 정(正)이라고 한다는
것이지요.

2) 견성(見性)일 때

"일원의 진리가 철저하여 언어의 도가 끊어지고 심행처가 없
는 자리를 아는 것이 공(空)이요"

성품에서 본성의 자리는 분별성이 없는 경지이므로 언어를 주고받
을 수 있는 인식상태가 아니므로 언어의 도가 끊어졌다는 것입니다.
애당초 이 자리는 분별하는 마음이 없는 공적성성한 정신의 자리이
므로 이를 두고 심행처가 없는 자리라 하며 이러한 경지를 아는 것
을 견성일 때의 공(空)이라 하는 것이지요.

즉, 양성일 때의 공(空)은 영혼이 단전에서 진공에 합일되어 마음
과 생각이 일어나지 않는 것이라면, 견성일 때의 공은 영혼이 육근
의 문을 열고 두뇌를 통해 경계를 따라 마음과 생각이 일어날 때, **언**

어의 도가 끊어지고, 심행처가 없는 일원의 공적성성한 근본 자리를 단전에 바탕한 마음과 생각으로 그 자리를 인식하여 아는 것을 견성 일 때의 공(空)이라는 것이지요.

"지량(知量)이 광대(廣大)하여 막힘이 없는 것이 원(圓)이요"

동물은 제각기의 영혼이 있고 이 영혼은 우주의 무한하고 영원한 궁극적 진리인 일원상 진리의 공적성성하고 공적영지한 성품에 뿌리를 박고 존재하므로 이 뿌리를 통해 무한한 성품의 공적영지한 자성혜와 통하여 합일하면 자연적으로 우리의 영혼도 성품처럼 지량이 광대하여 막힘이 없게 되는데 이를 견성에 있어서의 원(圓)이라는 것이지요.

중생의 마음과 생각은 무한한 성품을 인식하지 못하고, 사상(四相)과 탐진치(貪瞋痴)에 의해 일어나므로 거기에 걸려 아는 것이 막힘이 있는데 이를 무명(無明)의 중생심이라 하죠.

그러나 부처는 영원하고 무한한 성품과 합일한 관계로 성품의 공적영지를 자신의 앎이 되게 할 수 있어서 지량이 광대하다는 것이죠.

그러므로 부처는 이 성품에 바탕해서 마음과 생각을 일으키므로 지혜롭고 은혜로운 삶을 살아갈 수가 있게 되는 것이지요..

**"아는 것이 적실하여 모든 사물을 바르게 보고 바르게 판단하
는 것이 정(正)이며"**

성품을 깨달으면 탐진치(貪瞋癡)에 의한 무명(無明)의 중생심이 아
니라 공적성성한 자성정에 바탕한 공적영지의 자성혜가 나타나기
때문에, 이에 바탕하여 올바른 생각과 판단을 할 수 있는데 이를 견
성에 있어서의 정(正)이라는 것이지요.

3) 솔성(率性)일 때

"모든 일에 무념행(無念行)을 하는 것이 공(空)이요"

무념행(無念行)을 한다는 것은, 출정을 했을 때 경계 따라 일어나
는 자신의 마음과 생각이 아닌, 내 생각 이전에 내 영혼이 뿌리를 두
고 있는 성품에 의해 행한다는 의미인데 이를 솔성에 있어서의 공
(空)이라는 것이지요.

"모든 일에 무착행(無着行)을 하는 것이 원(圓)이요"

우리의 영혼이 출정하여 경계 따라 마음과 생각을 일으킬 때 성품

에 바탕하여 아상 인상 중생상 수자상 법상 비법상 등등의 상(相)에 주착(住着)함이 없이 행하는 것을 무착행이라 하고 이를 솔성에 있어서의 원(圓)이라는 것입니다.

"모든 일에 중도행(中道行)을 하는 것이 정(正)이다."

일이 없으면 육근의 문을 닫고 공적성성한 무념의 자성정을 세우고, 일이 있으면 육근의 문을 열고 무상의 자성혜를 세워서 생각하고 실행할 때 주한 바 없는 무주(無住)의 심경으로 경우에 맞게 육근을 활용하는 것을 중도행이라 하고 이를 솔성에 있어서의 정(正)이라는 것이지요.

7

일원상 서원문

(一圓相 誓願文)

일원(一圓)은 언어도단(言語道斷)의 입정처(入定處)이요 유무초월(有無超越)의 생사문(生死門)인 바 천지·부모·동포·법률의 본원(本源)이요 제불(諸佛)·조사(祖師)·범부(凡夫)·중생(衆生)의 성품으로 능이성유상(能以成有常)하고 능이성무상(能以成無常)하여 유상으로 보면 상주불멸(常住不滅)로 여여자연하여 무량 세계를 전개하였고, 무상으로 보면 우주의 성주괴공(成住壞空)과 만물의 생로병사와 사생(四生)의 심신작용을 따라 육도(六途)로 변화를 시켜 혹은 진급으로 혹은 강급으로 혹은 은생어해(恩生於害)로 혹은 해생어은(害生於恩)으로 이와 같이 무량세계를 전개하였나니 우리 어리석은 중생은 이 법신불(法身佛) 일원상(一圓相)을 체(體) 받아서 심신을 원만하게 수호(守護)하는 공부를 하며 또는 사리(事理)를 원만하게 아는 공부를 하며 또는 심신을 원만하게 사용하는 공부를 지성으로 하여 진급이 되고 은혜는 입을지언정 강급이 되거나 해독은 입지 아니하기로써 일원의 위력을 얻도록까지 서원하고 일원의 체성(體性)에 합하도록까지 서원함. [9]

위의 문장은 우주의 궁극적이고 절대적인 진리인 일원상진리와 하나가 되어 그와 같은 위력을 얻기를 서원하는 내용으로, 글에 담긴 뜻을 한 구절씩 해석해 보도록 하겠습니다.

"일원(一圓)은 언어도단(言語道斷)의 입정처(入定處)이요"

영혼이 공적성성(空寂惺惺)한 진공(眞空)의 중심인 단전(丹田)으로 호흡을 하며 입정(入定)을 하면 육근(六根)을 통한 육식(六識)의 작용이 중단되어서 마음과 생각이 일어나지 않게 됩니다. 그래서 말을 주고받을 수 없는 영혼의 휴식 상태가 되는데, 이를 언어도단의 입정처라고 하는 것이지요.

"유무초월(有無超越)의 생사문(生死門)인 바"

일원의 유(有)의 측면을 보면 영적으로는 분별성이 있어서 마음과 생각이 일어난 상태이고, 기적으로는 물질로 나타난 모든 것으로 인한 색성향미촉법(色聲香味觸法) 작용이 있는 상태라 할 수 있고, 이를 유(有) 또는 생(生)의 측면이라고 할 수 있으며, 무(無)의 측면으로 보면 영적으로는 분별성이 없는 정신 상태이고, 기적으로는 물질로 나타나기 이전인 진공상태라 할 수가 있으며 또한 사(死)의 측면이라고 할 수가 있습니다.

그런데 기적(氣的)인 진공상태에는 영적(靈的)인 속성이 깃아 있어서 우리의 영혼이 입정(入定)하면 기적(氣的)으로 텅 비어 고요한 가운데 영적(靈的)으로 분별성과 주착심이 없이 밝게 깨어 있는 공적성성한 정신 상태가 되고, 출정(出定)하면 기적으로 텅 비어 고요한 가운데 영적으로 분별성이 있어서 마음과 생각이 일어난 상태가 되지요.

육근의 문을 닫고 단전으로 회광(廻光)하여 입정하면 정신이 나타나고, 육근의 문을 열고 출정하여 바깥 경계로 반조(返照)하면 분별인 마음과 생각이 일어나지요.

일원의 문을 열거나 닫음에 따라 유(有)와 생(生)이 되기도 하고 무(無)와 사(死)가 되기도 하지만, 이들은 무(無) 또는 기(氣)의 진공(眞空) 가운데 영지(靈知)가 밝게 있어서 유(有) 또는 묘유(妙有)가 나타나므로, 형태만 유와 무로 변화할 뿐 그 속성은 변하지 않고 영원하므로 이를 두고 유무초월의 생사문이라 하는 것이지요.

"천지(天地)·부모(父母)·동포(同胞)·법률(法律)의 본원(本源)이요"

우리는 하늘과 땅인 천지의 은혜, 낳아 주신 부모님의 은혜, 사농공상(士農工商) 직업으로 서로가 사회를 형성하여 상부상조하며 은혜의 관계를 유지하고 발전시켜 주는 동포의 은혜, 사회와 국가와 세계의 안녕과 질서를 유지하도록 하는 법률의 은혜 속에서 살고 있습니다.

이러한 네 가지 은혜는 일원의 진리에 의해서 영원토록 존재하기 때문에 일원을 우주만유의 본원이라 하는 것이지요.

"제불(諸佛)·조사(祖師)·범부(凡夫)·중생의 성품으로"

우주의 진리를 깨달은 자나 못 깨달은 자를 포함한 모든 유정물(有情物)은 제각기의 영혼이 일원이라는 성품에 뿌리를 박고 존재를 하고 있다는 뜻이지요.

"능이성유상(能以成有常)하고"

이는 변함없이 항상 하는 것을 뜻합니다.

불생불멸하는 진리와 인과보응하는 이치는 항상 존재하기 때문에 유상이라 하죠. 또한 불생불멸은 우주의 영적인 속성과 기적인 속성은 시작도 없고 끝도 없이 항상 존재하므로 유상이라 하죠.

기적(氣的)으로는 진공묘유(眞空妙有)에서 진공은 변화가 없이 항상 그대로 존재하는 기(氣)의 근원적 자리이므로 유상이라 하고, 영적(靈的)으로는 텅 비어 고요한 공적(空寂)에 있는 영혼이 분별성이 없이 항상 성성(惺惺)하게 밝게 깨어 공적성성(空寂惺惺)한 상태에 입정(入定)해 있는 정신 즉 본성 상태는 유상이지요.

"능이성무상(能以成無常)하여"

이는 그대로 있지 않고 변함을 뜻합니다.

일원상 진리의 속성인 불생불멸하고 인과보응하는 진리는 항상 존재한다는 측면에서 유상이지만, 인과보응은 원인에 따라 결과가 생기는 변화하는 과정을 의미하므로 이를 무상이라 합니다.

기적(氣的)으로 우주의 성주괴공, 인간의 생로병사, 계절의 춘하추동과 같이 변화하는 상황을 무상이라 하고, 영적(靈的)으로 영지(靈知)하여 경계를 분별하는 상태인 마음은 항상 변화하는 상황이므로 무상이라 하죠.

"유상(有常)으로 보면 상주불멸(常住不滅)로 여여자연(如如自然)하여 무량세계(無量世界)를 전개(展開)하였고"

일원상 진리는 변화하지 않는 근원적인 면을 보면 없어지지 않고 항상 그대로 존재하는 기적(氣的)인 진공과 영적(靈的)인 성성(惺惺)한 본성에 바탕하여 시절(時節)과 인연(因緣)에 따라 묘유로 삼라만상과 육도 윤회가 한량없이 전개됨을 의미합니다.

즉 묘유는 유상인 진공과 본성이 바탕되어 있기에 가능한 것이라는 말이죠.

**"무상으로 보면 우주의 성주괴공(成住壞空)과 만물의 생로병
사와 사생(四生)의 심신작용을 따라 육도(六途)로 변화를 시켜
혹은 진급으로 혹은 강급으로 혹은 은생어해(恩生於害)로 혹은
해생어은(害生於恩)으로 이와 같이 무량세계를 전개하였나니"**

일원상진리의 변화하는 묘유의 면을 보면, 우주는 성주괴공으로
변화하고 만물은 생로병사로 변화하고, 태란습화(胎卵濕化)로 태어
나는 사생(四生)은 영혼의 심신작용에 따라 천상 · 인도 · 수라 · 아
귀 · 축생 · 지옥인 육도로 변화하지요.

그러므로 심신을 일원상 진리의 원만구족하고 지공무사한 성품대
로 사용하면 진급이 되어 은혜를 입고 행복하게 살게 되지만, 그렇
지 못하고 사상(四相)을 가지고 탐진치(貪瞋痴)로 마음과 생각을 일
으켜 살면 강급이 되어 악도에 떨어지게 하여 고통과 불행의 길이
한없이 전개되도록 한다는 뜻이지요.

**"우리 어리석은 중생은 이 법신불(法身佛) 일원상(一圓相)을
체(體) 받아서"**

일원상 진리를 깨닫지 못한 중생은 법신불 일원상의 근본에 합일
하여,

"심신을 원만하게 수호(守護)하는 공부를 하며"

기적으로는 단전주호흡으로 진공의 기를 몸에 가득 채우고, 영적으로는 단전에 마음을 주하여 성품의 본성인 정신을 양성하고,

"또는 사리(事理)를 원만하게 아는 공부를 하며"

사(事)인 인간의 시비이해(是非利害)와 리(理)인 천조(天造)의 대소유무(大小有無)를 성품에 바탕하여 원만구족(圓滿具足)하고 지공무사(至公無私)하게 알도록 하며

"또는 심신을 원만하게 사용하는 공부를 지성으로 하여"

심신을 원만하게 사용하는 공부를 지성으로 한다는 말은 중도행(中道行)을 한다는 의미로써 이는 무주(無住)의 자성계(自性戒)를 실천한다는 뜻인데, 이는 1단계로써 반드시 해야 할 일이 없는 때에는 육근의 문을 닫고 무념(無念)의 자성정(自性定)을 세우고 즉 정신을 양성하고, 2단계로써 일이 있을 때는 육근의 문을 열고 성품의 공적영지의 광명인 무상의 자성혜를 세워서 즉 성품의 분별성을 발하여 제불제성의 심인을 확인하고, 3단계로써 1~2단계에 바탕하여 자신의 의지를 발하여 무상의 사리연구를 하고, 4단계로써 무상의 작업

취사를 하다가 그 일을 마치면 5단계로써 다시 새롭게 1~4단계를 상황에 맞게 선택하여 실행함에 정성을 다하여,

"진급이 되고 은혜는 입을지언정 강급이 되거나 해독은 입지 아니하기로써"

원만한 인품을 이루어 인격적 등급이 높아져서 세상의 은혜와 환영을 받는 행복한 사람이 될지언정 인격적 등급이 떨어져서 진리와 세상으로부터 벌을 받고 배척받는 불행한 사람이 되지 않도록 하며,

"일원의 위력을 얻도록까지 서원하고 일원의 체성(體性)에 합하도록까지 서원함"

일원의 위력을 얻을 수 있으려면 먼저 일이 없을 때 육근의 문을 닫고 단전에 정신을 주하고 단전에 기운을 집중시킨 후 호흡할 때 숨을 단전으로 길고 강하게 들이마시면서 몸 전체에 진공의 기를 가득 채워서 일원의 근본인 체성에 합일하는 원만구족한 입정을 한 후, 그 다음으로 일원의 위력을 얻을 수 있도록 일이 있을 때 육근의 문을 열고 출정하여 공적영지한 무상의 자성혜를 세워서 무상의 사리연구, 무상의 작업취사, 무주의 자성계를 지공무사하게 실행하기를 다짐하고 기원함.

8

좌선법
(坐禪法)

1) 좌선의 요지

좌선이라 함은 마음에 있어 망념을 쉬고 진성(眞性)을 나타내는 공부이며, 몸에 있어 화기(火氣)를 내리게 하고 수기(水氣)를 오르게 하는 방법이니, 망념이 쉰즉 수기가 오르고 수기가 오른즉 망념이 쉬어서 몸과 마음이 한결 같으며 정신과 기운이 상쾌하리라. [식망현진(息妄顯眞) 수승화강(水昇火降)]

그러나 만일 망념이 쉬지 아니한즉 불기운이 항상 위로 올라서 온몸의 수기를 태우고 정신의 광명을 덮을지니, 사람의 몸 운전하는 것이 마치 저 기계와 같아서 수화의 기운이 아니고는 도저히 한 손가락도 움직이지 못할 것인 바, 사람의 육근기관이 모두 머리에 있으므로 볼 때나 들을 때나 생각할 때 그 육근을 운전해 쓰면 온몸의 기운이 자연히 머리로 집중되어 온몸의 수기를 조리고 태우는 것이 마치 저 등불을 켜면 기름이 닳는 것과 같나니라.

그러므로 우리가 노심초사하여 무엇을 오래 생각한다든지 또는 눈으로 무엇을 세밀히 본다든지 또는 소리를 높여 무슨 말을 힘써 한다든지 하면 반드시 얼굴이 붉어지고 입속에 침이 마르나니 이것이 곧 화기가 위로 오르는 현상이라 부득이 당연한 일

에 운용하는 것도 오히려 존절히 하려든, 하물며 쓸데없는 망념
을 일으켜 두뇌의 등불을 주야로 계속하리요. 그러므로 좌선은
이 모든 망념을 제거하고 진여의 본성을 나타내며, 일체의 화기
를 내리게 하고 청정한 수기를 불러내기 위한 공부니라.[10]

2) 좌선의 방법

① 의자에 앉을 때나 반좌(盤坐)로 앉을 때에 머리와 허리를 곧고
　　바르게 한다.

② 전신(全身)의 힘을 단전(丹田)에 툭 부리어 일념의 주착도 없이
　　다만 단전에 기운 주(住)해 있는 것만 대중 잡되, 방심되면 그
　　기운이 풀어지나니, 곧 다시 챙겨서 기운 주하기를 잊지 말라.

③ 호흡을 고르게 하되 들이쉬는 숨은 조금 길고 강하게 하며, 내
　　쉬는 숨은 조금 짧고 약하게 한다.

④ 입은 항상 다물고 하되 몸과 정신 기운이 고르게 되면 수승화
　　강이 되어 맑은 침이 혀 줄기와 이 사이에서 나올지니, 이 침을
　　삼킨다.

⑤ 정신은 항상 적적한 가운데 성성함을 가지고 성성한 가운데 적
　　적함을 가질지니, 만일 혼침에 기울어지거든 새로운 정신을 차
　　리고 망상에 흐르거든 정념으로 돌이켜서 무위자연의 본래 면

목에 그쳐 있도록 한다.

⑥ 좌선을 하는 가운데 절대로 이상한 기틀과 신기한 자취를 구하
지 말며, 혹 그러한 경계가 나타나거든 그것은 요망한 일이라
생각과 마음을 일으키지 않도록 한다.

이상과 같이 계속하면 필경 물아의 구분을 잊고 시간과 처소를 잊
고 오직 원적무별한 진경에 그쳐서 다시없는 심락을 누리게 될 것입
니다. [11]

3) 좌선의 공덕

① 경거망동하는 일이 없어짐이요.

② 육근 동작에 순서를 알게 됨이요.

③ 병고가 감소되고 얼굴이 윤활해짐이요.

④ 기억력이 좋아짐이요.

⑤ 인내력이 생김이요.

⑥ 편착심이 없어짐이요.

⑦ 삿된 마음이 바른 마음으로 변함이요.

⑧ 자성의 정과 혜와 계를 세움이요.

⑨ 극락을 체험함이요.

⑩ 생사에 자유를 얻음이요.[12]

4) 단전주법

(1) 단전의 위치

배꼽 아래 손가락 중지 길이에서 배의 한가운데.

(2) 단전의 기능

호흡으로 몸에 들어온 진공의 기를 저장하고, 몸 전체에 순환시켜 혈관, 신경, 근육 세포들을 유연하고 원활하게 해 줌으로써 건강한 몸과 건전한 정신을 갖추게 하여 지혜로운 마음이 나도록 합니다.

단전이란 글자는 '붉은 단(丹)', '밭 전(田)'입니다. '붉다'는 말은 붉은 태양이 온 세상을 비추듯이 지극히 밝다는 의미가 있으며, 밝으니 지극히 맑고 깨끗하다는 의미도 있지요.

또한 지극히 통하게 하는 자리인데, 왜냐하면 우주의 맑은 진공의 기를 두뇌와 몸 전체에 통하게 함으로써 몸도 건강하게 만들어 줄 뿐만 아니라 영혼도 천하 우주 삼라만상과 과거 · 현재 · 미래 삼세를 알게 해 주지요.

또한 지극히 묘한 자리이지요. 이 자리에서는 무궁무진한 조화가 나온답니다.

또한 우주를 움직이는 근원적인 힘인 진공의 기가 언제나 생생하게 살아 있는 자리이지요.

또한 이 자리는 지극히 법다운 자리이지요. 법이라는 것은 예를 들어 사람 머리에서 머리카락이 자라는 것과 같습니다. 깎으면 없어지는 것이 법이요, 또 자라는 것이 법이기 때문입니다. 눈썹이 눈꺼풀 위에 있는 것이 법이요, 눈썹이 있음으로 인해 먼지나 빗물이 눈 안에 들어가지 않도록 하지요. 까만 눈동자 속에 동그란 눈동자가 있어서 만물을 식별하고 세월이 지난 사람들도 정확히 알아내는 이러한 모든 것이 법이지요.

이 단(丹)의 힘을 얻어야 영력(靈力)이 서고 이 영력은 과거 · 현재 · 미래를 관통하여 알게 하지요.

그리고 이 단은 지극히 공정한 자리이지요. 이 말은 누구는 예쁘니까 더 주고 누구는 미우니까 덜 주는 것이 아니라, 자기가 공을 들인 만큼 그만한 대가를 받게 된다는 의미이지요.[13]

(3) 단전주의 필요

단전주는 좌선에만 긴요할 뿐 아니라 위생상으로도 극히 긴요한 법이라, 마음을 단전에 주하고 혀 아래의 옥지(玉池)에서 나오는 물(감로수)을 많이 삼켜 내리면 수화(水火)가 잘 조절되어 몸에 병고가 감소하고 얼굴이 윤활해지며 원기가 충실해지고 심단(心丹)이 되어 능히 수명을 안보하나니, 이 법은 선정상으로나 위생상으로나 일거양득하는 법이지요.[14]

단전주는 마치 식물에서 뿌리가 깊숙한 땅속의 물을 흡수하여 줄기와 잎으로 그 물을 보내어 식물을 성장시키듯이, 사람도 몸의 깊숙한 단전으로 숨을 깊이 들이마시면서 진공의 기를 받아들이면 그 기는 몸 전체로 번지면서 움츠러들었던 세포들에 기를 불어넣어 주어 세포의 활동을 활성화시키고 경직된 혈관을 신축성 있게 해 줍니다.

숨을 들이마실 때 폐로 들어온 공기 중에는 산소 · 질소 · 수소 등도 있는데, 그중에 산소와 질소가 결합되면 산화질소가 만들어집니다. 이렇게 만들어진 산화질소는 혈액을 통해 이동할 때 혈관에 붙은 지방이나 노폐물들을 제거해 줌으로써 혈액을 깨끗하게 하고 혈관을 신축성 있게 만들어 줍니다.

그리하여 고혈압 · 뇌경색 · 뇌출혈 · 뇌졸중 · 치매 · 심근경색 등을 예방하고 치료해 주며, 몸속 영양분들을 세포들에 원활하게 공급되게 함으로써 건강한 신체를 만들면서 동시에 정신적으로도 상쾌하고 행복한 삶을 영위하도록 하는 역할을 하지요.

단전호흡은 공기의 양을 몇 배로 많이 마실 수 있게 하고 몸속의 기에 압력을 가합니다.

공기에 압력을 가하면 수분이 생기는데, 이는 흡입된 공기 중의 산소와 수소가 결합하여 물이 된 것이지요. 이 물은 혈액의 양을 보충해 주는 역할을 할 뿐만 아니라 수분이 부족하여 말라 가는 세포들에 생명을 불어넣기도 하지요.

그러나 자신의 영혼이 단전에 주하지 않은 채 가슴호흡을 하면서 바깥 경계에만 마음과 생각을 일으키면 기운은 점점 줄어들어서 정상적인 순환을 하지 못함에 따라 기력이 약해지고, 음과 양의 균형이 무너지게 되어 몸에 병이 생기고 심하면 생명까지도 잃게 됩니다.

그러므로 건강한 심신을 갖추기 위해서는 생각을 단전으로 하고 기운도 단전에서 중심을 잡아야 자성의 정혜계(定慧戒)가 세워진 원만구족하고 지공무사한 삶이 이루어져서 은혜롭고 행복한 삶을 누릴 수 있는 것이지요.

(4) 단전호흡(丹田呼吸)

허령불매(虛靈不昧)한 정신바탕인 우리들 각자의 영혼이 이 세상에 태어나 살아가는 것은 우리들 각자의 몸이 있기 때문이며, 이 몸은 생존을 위해서 우리가 느끼든 못 느끼든 한순간도 쉬지 않고 호흡을 하고 있지요.

이러한 호흡은 코를 통해서는 산소가 폐로 들어왔다가 나갈 때는 탄소로 바뀌어 나가면서 신진대사를 이루고, 단전을 통해서는 몸속에 들어온 기를 몸 전체에 공급함으로써 우리들 몸을 더욱 건강하게 만드는 것이지요.

따라서 우리가 건강과 행복을 누리기 위해서는 우리 각자의 몸을 우주의 본원인 진공의 기를 우리 몸속에 공급하는 단전호흡을 해야 합니다.

1931년 노벨생리학상을 수상한 바르부르크 박사는 혈액 중에 산소가 부족하면 세포가 당분을 분해시키지 못하는 불완전연소가 되어 다량의 수소이온이 발생되고, 혈액의 산성화로 혈액의 점도(粘度)가 높아져서 혈관 벽에 노폐물이 죽처럼 엉겨 붙어 암을 비롯한 각종 질병을 일으키는 원인이 된다고 주장하였지요.

잘못된 호흡법으로 인해 체내에 노폐물이 쌓이고 좁은 혈관을 막아 혈액의 흐름을 둔화시키거나 정체시키는 울혈현상은 심장질환이나 뇌질환을 비롯한 각종 질병의 원인이 됩니다. 이는 세포가 당분을 충분히 연소시킬 만한 산소를 제대로 공급받지 못하여 완전한 연소를 시키지 못하기 때문이지요.

질병에 걸리는 이유에는 여러 원인이 있겠지만, 가장 큰 원인으로는 우리 몸의 면역력이 떨어지는 것을 들 수 있습니다.

면역력은 병을 이기는 힘이며, 이러한 힘은 적게는 감기로부터 시작해서 암이나 아토피 등에 이르기까지 병에 걸리지 않게 하는 힘이기도 하지요.

면역력이 저하되면, 외부에서 들어오는 바이러스나 세균을 막는 힘이 약해져 외부로부터 침입해 온 적에 의해 병에 걸리게 됩니다. 또한 암세포와 같이 내부에서 생기는 적도 이길 수가 없어서 암이라는 무서운 병에도 걸리게 되는 것이지요.

면역력을 저하시키는 데는 두 가지 큰 원인이 있는데, 첫 번째 원인은 활성산소입니다.

활성산소(活性酸素)는 유해산소라고도 불리는데, 이는 산소가 몸속에 들어와서 세포의 미토콘드리아에서 에너지로 만들어지면서 동시에 발생하는 독소물질을 말합니다. 비유하면 자동차에 기름을 넣어 엔진을 가동하면 차는 움직이지만 동시에 매연도 함께 발생되는데, 이 매연을 활성산소로 볼 수 있지요.

또한 활성산소는 산소가 몸속에 들어와서 결합되면 몸을 좋게 하는 수소나 질소와 결합하지 못한 산소가 다른 원자와 결합하면서 생기기도 하는데, 호흡과 몸속 대사과정에서 생성되어 세포막·DNA·세포핵 등을 공격하여 각종 질병을 유발하게 됩니다. 생물체의 내부에서 만들어지는 반응성이 큰 산소의 화합물로서 암, 당뇨, 아토피 등등의 각종 질병과 관련이 있지요.

이는 흡연, 술, 과식, 인스턴트식품, 매연, 전자파, 환경오염, 자외선, 스트레스 등에 의해 발생하는데, 최근 이런 활성산소 발생 요인이 증가하면서 각종 질병들도 함께 증가하고 있으며, 이렇게 과다하게 발생한 활성산소가 세포를 공격하여 조직을 약화시키고 세포가 제대로 기능을 못하게 하여 결국 면역력을 떨어뜨리게 하는 요인이 되는 것이지요.

면역력을 저하시키는 두 번째 원인은 인체의 에너지 부족입니다. 여기에서 에너지라 함은 우리 몸의 생명을 유지하고 대사를 하는데 필요한 모든 인체의 에너지를 말하는 것으로, 단전호흡을 통해 들어온 진공의 기도 포함됩니다.

우리 몸에 공급된 영양소는 혈액을 통해 세포에 전달되고 이를 세포의 미토콘드리아에서 대사작용 및 신체활동을 할 수 있도록 에너지로 바꾸게 되지요.

그러나 활성산소의 발생과 같은 원인에 의해서 세포의 에너지 생산량이 줄어들게 되고, 이로 인해 대사 및 활동에 필요한 체내 에너지가 부족해지면서 우리 몸의 활력과 면역력이 떨어지는 결과를 가져다주지요. 그러므로 우리가 아무리 많은 영양소를 섭취해도 세포의 에너지생산력이 떨어지면 에너지가 부족해지는 것입니다.

또한 음식물을 섭취해서 소화하는 과정에서 장에 노폐물이 끼여서 소화와 흡수가 잘되지 않아 세포로 가는 영양소가 부족해지기 때문에 에너지 부족현상이 생기기도 합니다.

또한 소화기능이 떨어지고 영양소의 흡수율이 떨어지는 것은 우리 몸에 소화 및 흡수를 도와주는 효소나 장내 유산균의 부족 때문이기도 하지요. 왜냐하면 발효된 효소는 혈관의 벽에 끼인 노폐물을 제거하고 유산균은 나쁜 균들을 제거하는 역할을 하기 때문입니다.

세포기능이 약화되어 에너지가 부족한 것은 많은 문제를 야기합니다.

정상적인 영양을 섭취를 하면서도 에너지가 부족하게 되면, 몸은 피곤하고 면역력은 떨어져 질병에 쉽게 노출되지요. 또한 세포에서 영양 흡수율이 떨어지면서 남은 영양소는 간이나 지방에 쌓여 지방간 및 비만으로 연결되고, 혈관에는 노폐물이 쌓여 이로 인해 혈액에는 콜레스테롤이나 포도당의 비율이 높아져 고지혈증, 당뇨, 고혈압 등을 유발하지요.

그러므로 세포의 에너지 부족은 인체대사에 큰 영향을 미쳐 면역력저하는 물론 각종 질병들을 일으키는 원인이 됩니다.

만성피로 같은 경우도 이렇게 세포에 에너지가 부족하기 때문에 쉽게 지치고 피로함을 느끼게 되는 현상이지요.

세포의 에너지가 부족해지는 데는 몇 가지 이유가 있지만, 가장 큰 이유로는 노화로 인한 세포수의 저하와 활성산소에 의한 세포의 공격이라고 볼 수 있습니다.

이렇게 몸에서 발생한 활성산소는 세포를 계속해서 공격합니다. 이런 공격에 의해 세포는 사멸하기도 하고 또한 심각한 상해를 입기도 하지요. 이로 인해 세포의 기능이 저하되어 에너지도 그만큼 적게 생산되는 것입니다.

나이가 들어감에 따라 세포수가 줄어드는 것은 어쩔 수 없지만, 세포의 기능 저하를 막아야 건강한 삶을 살아갈 수 있습니다.

세포는 우리 몸의 가장 작은 단위의 조직입니다. 우리 몸을 이루고 있는 조직과 기관이 건강하기 위해서는 세포의 건강은 필수입니다. 세포가 건강해지면 에너지 생산이 활발해지고 이에 따라 조직과 기관도 함께 건강해지는 것이지요.

세포의 힘이 약한 것은 세포의 에너지 부족에서 비롯됩니다. 세포 에너지는 'ATP에너지'라고 불리는데 세포의 엔진인 미토콘드리아에 의해서 생산됩니다. 우리가 흡수한 산소나 음식물은 세포에 흡수되어 미토콘드리아에서 ATP에너지로 생산되고 나서야 비로소 사용이 가능해지지요. 이 미토콘드리아의 활동력이 떨어지게 되면 세포의 ATP에너지 생산력이 떨어지게 되고 이는 면역력의 저하로 연결되는 것입니다.

세포 에너지 생산 과정에서 스트레스나 인스턴트식품 등의 외부적인 요인에 의해 세포에 이상이 생기면, 미토콘드리아에서의 에너지 생산은 줄어들고 반대로 세포의 기능이상을 초래하는 유해한 활성산소가 과도하게 발생됩니다.

세포 내의 미토콘드리아는 기(氣)인 에너지를 만드는 공장이라고 한다면, 활성산소는 에너지를 만들 때 나오는 유해한 화합물에 해당합니다.

품질이 나쁜 원유가 품질이 좋은 원유보다 훨씬 더 많은 매연을 뿜어내듯이 산소의 흡입량을 적게 하는 가슴호흡, 과식, 과로, 전자파, 스트레스 등의 나쁜 원인 제공은 세포에 악영향을 주어 미토콘드리아의 활동을 약화시키지요.

몸에 나쁜 세균이나 바이러스 등 몸속에 들어온 이물질을 제거하는 데 필요한 기(氣)를 발생시키는 세포 내의 미토콘드리아가 활력을 잃게 되면 면역질환의 원인이 되는데, 활성산소에 의해 기능이 저하된 미토콘드리아가 서둘러 회복되기 위해서는 에너지가 필요하며 수소가 결정적인 역할을 하지요.

혈액을 통해 미토콘드리아로 들어온 포도당은 구연산회로라 불리는 과정을 통해 탈수소반응을 거치는데, 말 그대로 수소전자를 빼내미토콘드리아에게 주게 됩니다. 그러면 미토콘드리아에서는 이 전자를 가지고 일할 수 있는 세포에너지인 ATP에너지를 만들어 우리 몸 곳곳에 공급하게 되는데, 여기에는 단전호흡을 통한 역동적인 힘이 큰 역할을 하게 되지요.

단전에 압력을 가하는 단전호흡을 통한 깊은 숨쉬기는 근원적인 기인 진공의 기(氣)를 몸 전체에 공급하여 호흡을 통해 유입된 산소, 질소, 수소 및 섭취한 음식물을 통한 영양분들을 세포에 원활하게 공급하는 원동력이 되죠.

즉, 단전으로 유입된 진공의 기는 몸 전체로 퍼지게 됨으로써 위축되어 굳어 있던 세포들에 기를 보강하여 줌으로써 세포의 활동력을 돕습니다. 이에 따라 혈관이 신축성을 회복하여 혈관벽에 끼어 있던 노폐물들을 혈류를 따라 흐르는 산화질소가 연소시켜 배출하는 과정을 원활하게 함으로써 혈압을 정상으로 만들고 혈관도 깨끗이 하게 되지요.

예를 들면, 폐활량을 늘려 산소와 질소를 많이 들이마시게 하여 산소와 질소가 합성된 산화질소가 인체 내에서 보다 많이 생성되게 하여 폐와 혈관을 비롯한 몸속의 독소를 제거하여 혈액과 림프계의 순환을 원활하게 합니다.

산화질소의 효능에 대해서 알아보면, 혈관벽에 쌓인 노폐물을 제거함으로써 동맥을 이완시켜 정상적인 혈압을 유지해 주며, 혈액의 응고를 억제하여 심장마비 뇌졸중의 원인이 되는 혈전의 생성을 예방합니다.

또 뇌(腦)로 가는 혈류량을 증가시켜 치매 등의 뇌질환을 예방하고, 면역세포를 활성화하여 바이러스 암세포 등을 죽이며, 성장호르몬의 분비를 자극하여 몸의 구성성분을 개선시킵니다. 더불어 혈류량을 높여 성기능을 향상시키고, 인체의 뇌 활동, 호흡기 확장, 손발의 움직임에 도움을 주지요.

또한 단백질·지방·탄수화물 등이 분해되어 발생한 산성을 가진 유기화합물인 유기산은 물과 탄소가 되는데, 단전호흡은 몸에 해로운 탄소는 배출시킴과 동시에 유기산에 의한 물의 순환을 도와서 세포에 생명력을 공급하는 역할을 함과 동시에

마음과 생각이 동(動)해서 생기는 화기(火氣)를 가라앉히고, 시원한 수기(水氣)를 머리로 오르게 하여 정상적인 두뇌 활동을 하도록 함으로써 건강한 심신을 만드는 원인이 되는 것이지요.[15]

단전팽창압축호흡(丹田膨脹壓縮呼吸)

호흡할 때 단전에 정신과 힘(기운)을 집중하고, 숨을 들이마실 때 단전이 코라고 의식하고 단전에 힘을 주면서 단전부터 몸 전체에까지 숨기운이 가득 차도록 숨을 길고 강하게 들이마셨다가, 숨을 내뿜을 때는 온몸의 기운을 단전으로 압축하면 폐에 있는 탄소와 같은 가스는 코로 배출시키고 몸속에 있는 진공의 기는 단전을 중심으로

몸 전체에 축적이 됩니다.

이렇게 호흡하면 단전으로 들어왔던 진공(眞空)의 기(氣)는 몸 전체의 세포에 기를 전달하여 생기를 얻게 하고, 폐로 들어왔던 산소, 질소, 수소와 같은 원자는 서로 결합하게 되는데, 산소와 질소가 결합된 산화질소는 혈관벽에 끼인 노폐물들을 연소시켜 혈관을 청소하고, 산소와 수소가 결합되어 발생한 물은 혈관 속의 짙은 피의 농도로 인해 피의 흐름이 둔하여 온갖 질병의 요인이 됐던 것을 혈관에 수분을 보충하여 줌으로써 피의 양을 많게 하여 피의 흐름을 원활하게 함으로써 체내에 들어온 영양분을 몸속 세포들에 원활하게 보급함으로써 신체를 건강하게 만들어 주고, 두뇌와 몸전체의 신경세포들도 건강하고 정상적으로 작동하게 함으로써 뇌경색 뇌출혈 뇌졸중(중풍) 불면증 치매 심근경색(심장병) 외에도 수많은 질병을 예방할 수 있고, 환자들이 병을 치료하는 데 큰 도움이 되지요.

단전축소팽창호흡(丹田縮小膨脹呼吸)

숨을 들이마실 때는 공기를 가슴의 폐를 중심으로 신체의 상부를 최대한 팽창을 시키지만 동시에 배 속 단전을 중심으로 한 신체의 하부는 최소가 되도록 하고, 숨을 내쉴 때는 단전에 힘을 주면서 단전을 중심으로 온몸에 풍선을 불리듯이 최대한 팽창시킵니다.

연결단전호흡

숨을 들이마실 때 단전에 힘을 주고 단전부터 가슴과 몸 전체에 숨기운을 가득 채웠다가, 내쉴 때는 몸에 해로운 탄소는 코로 내뿜으면서 동시에 가슴과 몸에 있던 진공의 기는 단전으로 압축합니다.

그리고 다시 숨을 들이쉴 때는 축소된 단전은 그대로 두고 폐를 중심으로 숨을 길과 강하게 들이마셨다가 내뿜을 때는 단전을 풍선처럼 불리는 것이지요.

이러한 단전호흡의 효과는 기와 혈을 원활하게 순환시켜 몸의 세포들의 활동을 도와 생명력을 증대시키고, 몸속 나쁜 균들과 노폐물들을 몸 밖으로 배출시키는 작용을 하여 몸과 영혼을 모두 건강하게 해 줍니다.

이 호흡법은 걸어 다닐 때나 서 있을 때나 앉아 있을 때나 누워 있을 때나 언제 어디서나 할 수 있다는 점에서 우리의 건강과 행복을 위한 최상의 방법이라고 할 수 있지요.

(5) 단전주선(丹田住禪)

선(禪)이란 볼 시(示)와 하나 단(單)이 합쳐진 글자로, 해석하면 하나를 본다는 의미입니다.

그리고 여기서 '하나'란 의미는 기적(氣的)으로는 음양으로 나타나기 이전의 진공상태이며, 영적(靈的)으로는 분별하는 마음이 생기기 이전의 성성한 정신, 즉 본성 상태이지요.

따라서 우주는 기에 영이 갊아 있고 영에 기가 갊아 있기에 공적성 성(空寂惺惺)한 상태가 그 근본이 되는 것이지요.

그러므로 하나를 본다는 뜻의 선(禪)이라는 글자의 의미는 우주의 절대적이고 궁극적인 존재진리인 일원 중에서도 근본이 되는 공적 성성한 본성에 합일하여 그 경지를 체험하는 것을 말하지요.

단전호흡을 통해 몸의 중심인 단전에 회광하여 공적성성한 무념상 태인 입정이 되면, 정신이 맑고 밝아져서 출정을 할 때 공적영지의 광명이 발하여 바르게 보고 바르게 생각하고 바르게 판단할 수 있는 능력이 생깁니다.

자성의 정을 세우는 정신수양을 하면 텅 비어 고요한 공적에 별 빛처럼 초롱초롱한 성성함이 있는 공적성성한 상태가 됩니다. 이때 를 언어로 표현하면 두렷하고 고요하여 분별성과 주착심이 없는 경 지인 정신이라 하고, 영적으로 분별성과 주착심이 없는 경지이기에 언어로써 주고받는 의사소통의 의식이 끊어졌다고 하여 언어도단의 입정처라고 하는데 이를 무념의 자성정이라고도 하지요.

그런데 이때는 영혼이 안으로 회광한 상태의 자성정의 성품이지 만, 육근의 문을 열고 반조를 하면 분별성이 생겨나 언어명상이 완 연한 것을 인식하는 자성혜의 성품이 되지요.

즉 우리의 영혼이 회광을 하여 공적성성한 정신의 상태가 되면 언어도단의 입정처가 되어 분별성이 없는 자성정의 성품이지만, 반조를 하여 공적영지의 분별성이 날 때에는 대소유무의 분별과 선악업보의 차별을 인식하는 자성혜의 성품이 되는 것이지요.

그러므로 우리의 영혼은 공적성성한 성품으로의 회광과 공적영지한 성품으로의 반조를 모두 할 수 있는 주체적인 존재이지만, 성품이라는 불생불멸하고 인과보응하는 일원의 진리에 뿌리를 박고 진리에 따라 죄를 지으면 벌을 받고 복을 지으면 복을 받으면서 현생에서는 심리적인 육도 윤회를 하게 되지만 죽어서 이어지는 내생에서는 육체적인 육도 윤회를 하게 되는 것이지요.

따라서 자신의 영혼이 심신으로 지은 바에 따라 육도 윤회를 하게 되는 엄중한 진리가 있기 때문에 욕심대로 기분 내키는 대로 함부로 살 수 없는 것이 우리의 인생인 것입니다.

다음은 현생에서부터 영생을 통하여 은혜롭고 행복한 삶을 살 수 있는 방법으로서 단전주선(丹田住禪)에 대해 구체적으로 살펴보도록 하겠습니다.

단전주선의 첫 번째 단계는, 우리의 영혼을 배 속의 단전에 주(住)하고 호흡도 단전에서 함으로써 흩어져 있던 생각과 기운을 단전에 집중시켜 공적성성한 정신을 양성하는 것입니다.

이 단계는 안으로 텅 비어 고요한 가운데 별빛처럼 초롱초롱한 정신 상태인 공적성성한 무념의 자성정에 입정한 회광의 상태이지요. 따라서 이 공적성성한 무념의 자성정의 경지는 우리의 영혼이 입정을 하여 마음과 생각이 일어나지 않는 정신의 상태이므로 언어를 주고받을 수 없는 의식 상태라는 뜻에서 이를 '언어도단의 입정처'라 하는 것입니다.

이 무념의 자성정인 1단계가 원만하게 잘되어야 육근의 문을 열고 출정하여 바깥 경계를 접할 때 무상의 자성혜가 발하여 무상의 사리연구와 무상의 작업취사가 잘되기 때문에 이 1단계는 단전주선의 기본이자 핵심인 것이지요.

또한 밖으로 공적영지의 광명이 나타나는 출정, 즉 반조를 하면 부처의 분별성인 무상의 자성혜가 발하는데 이때를 단전주선의 2단계라 하지요.

이 단계는 성품의 공적영지한 분별성은 나타났지만 그 분별에 따른 개인적인 생각은 아직 일어나지 않은 상태로서 이를 '무상의 자성혜'라 표현합니다. 즉 이 분별성은 우주의 식(識)으로서 인간의 주관적인 생각이 개입되기 전의 성품의 식인 것이지요.

이 식(識)은 입정을 하여 공적성성한 무념의 자성정을 체험한 사람만이 출정할 때 체험할 수 있는 아주 높은 수준의 영성 상태입니다.

다음은 단전주선의 3번째 단계로, 이는 2번째 단계에서 바깥 경계를 반조함으로써 분별되는 마음에 따라 자신의 영혼이 스스로 생각을 일으킬 때 단전에서 보고 단전에서 듣고 단전에서 생각하며 천조(天造)의 대소유무와 인간의 시비이해를 깊이 연구하여 깨달아 아는 '무상의 사리연구 단계'라 할 수 있지요.

단전주선의 4번째는 무념의 자성정, 무상의 자성혜, 무상의 사리연구에 바탕한 '무상의 작업취사'로서, 이는 단전으로 호흡하고, 보고, 듣고, 생각하고, 말하고, 행동하는 단계입니다.

그리고 단전주선의 5번째는 무주의 자성계로서, 이는 육근이 무사하면 1번째인 무념의 자성정으로 회광해서 일심을 양성하고, 육근이 유사하면 2 · 3 · 4단계 어떤 단계라도 그때에 적합한 것을 선택하여 실행하는 단계로 '무주의 작업취사'라고도 합니다.

이 단계의 특징은 무주로써 자신의 처지와 역량에 따라 1~4단계 중에서 어느 것을 먼저 해야 하는지를 파악해서 자연스럽게 실행할 수 있다는 점입니다.

그러므로 일원상의 원만구족하고 지공무사함을 생활 속에서 무주(無住) 즉 중도(中道)로써 행하는 단계라 할 수 있지요.

(6) 무시선법(無時禪法)

본성을 회복한 사람은 우주 만물은 모두 한 기운으로 연결된 하나

의 생명체임을 깨닫고 느낌으로써 바깥 경계에 마음과 생각이 일어
날 때 본성을 바라보고 본성에 바탕하여 원만구족하고 지공무사한
마음이 되어 온전한 생각으로 은혜롭게 취사를 하기 때문에 자신도
행복한 극락을 누리며 살고, 세상도 살기 좋은 낙원으로 만들며 살
아갑니다.

이에 반해 본성을 모르는 사람은 아무리 과학문명이 발전한 세상
에서 물질적으로 풍요를 누리며 살지라도 정신 상태는 무명에 의한
황폐화로 불안과 불만을 채우기 위해 항상 욕심과 욕망에 사로잡혀
있기 때문에 한순간도 진정한 평온과 만족을 느끼지 못하며 살아가
게 되는 것이지요.

결국 진정한 행복은, 경계 따라 마음이 일어날 때 재색명리(財色
名利)를 소유하는 데 집착하여 정신을 잃어버리고 무명의 중생심으
로 사는 것이 아니라, 일이 없을 때는 무념의 자성정인 정신을 회복
하고, 일이 있을 때는 무상의 자성혜로써 살아가는 데에 있는 것이
지요.

경(經)에 이르시되, 응하여도 주하는 바가 없이 그 마음을 내
라고 하시었나니, 이는 곧 천만 경계 중에서 동하지 않는 행을
닦는 대법이라, 이 법이 심히 어려울 것 같으나 닦는 방법만 자
상히 알고 보면 괭이를 든 농부도 선을 할 수가 있고, 마치를 든
공장 기술자도 선을 할 수가 있으며, 주판을 든 점원도 선을 할

수가 있고, 정사를 잡은 관리도 선을 할 수가 있으며, 내왕하면 서도 선을 할 수가 있고, 집에서도 선을 할 수가 있나니 어찌 구차히 처소(處所)를 택하며 동정(動靜)을 말하리오.

사람이 만일 오래도록 선(禪)을 계속 수행하여 모든 번뇌 망상을 끊고 마음의 자유를 얻은즉 철주의 중심이 되고 석벽의 외면이 되어 부귀영화도 그 마음을 달래어 가지 못하고, 일체법을 행하되 걸리고 막히는 바가 없고, 진세에 처하되 항상 백천삼매를 얻을지라.

이 지경에 이른즉 진대지가 일진법계로 화하여 시비선악과 염정제법이 다 제호(醍醐)의 일미를 이루리니 이것이 이른바 불이문이라 생사의 자유와 윤회의 해탈과 정토의 극락이 다 이 문으로부터 나오나니, 그러므로 시끄러운 데에 처하여도 마음이 요란하지 아니하고 욕심 경계에도 마음이 동하지 아니하여야 이것이 참 선(禪)이요 참 정(定)이나니.

다시 이 무시선의 강령을 말하자면, 육근이 무사하면 잡념을 제거하고 일심을 양성하며, 육근이 유사하면 불의를 제거하고 정의를 양성하자는 것이지요.[16]

무시선의 강령인, '육근이 무사하면 잡념을 제거하고 일심을 양성하자'는 뜻은 일이 없을 때는 회광하여 육근의 문을 닫고 단전에서 공적성성한 무념의 자성정을 세워서 심신을 원만하게 수호하자는 것입니다.

그리고 '육근이 유사하면 불의를 제거하고 정의를 양성하자'는 뜻은 일이 있을 때는 우리의 영혼이 단전에서 육근의 문을 열고 육경에 응하여 공적영지의 지혜를 비추어 사리를 원만하게 알자는 것이며, 또한 작업취사를 할 때도 무상으로 원만하게 심신을 사용하자는 뜻이지요.

9

적적성성(寂寂惺惺)과
성성적적(惺惺寂寂)

소태산 대종사님께서는 선종의 많은 조사가 선(禪)에 대한 천만 방편(方便)과 천만 문로(門路)를 열어 놓았으나, 한 말로 통합하여 말하자면 망념(妄念)을 쉬고 진성(眞性)을 길러서 오직 공적영지(空寂靈知)가 앞에 나타나게 하자는 것이 선이니, 그러므로 "적적(寂寂)한 가운데 성성(惺惺)함은 옳고 적적(寂寂)한 가운데 무기(無記)는 그르며 또는 성성한 가운데 적적함은 옳고 성성한 가운데 망상은 그르다"[17]고 하셨습니다.

여기서 적적(寂寂)과 성성(惺惺)의 의미를 살펴보면, 먼저 적적(寂寂)이란 단어에서 적(寂)은 '고요할 적'이라는 뜻과 소리를 가진 글자로서, 이는 기적(氣的)으로는 근본인 진공(眞空) 속에는 부딪칠 것이 없어서 고요하다는 뜻이고 또한 진공 속에서는 분별할 것이 없어서 마음과 생각이 일어나지 않으니 영적(靈的)으로도 고요하다는 의미이지요.

다음으로 성성(惺惺)에서 성(惺)은 '밝을 성, 깰 성' 자(字)로서 성성의 의미는 마음이 별빛처럼 초롱초롱하게 밝게 깨어 있는 정신 상태라는 의미이지요.

적적성성에서는 성성이 적적의 뒤에 있음은 이것이 종(從)이고 정적(靜的)이라는 의미로서, 이는 분별하는 마음과 생각이 일어나지 않은 입정(入定) 상태를 의미한다면, 성성적적에서는 성성이 적적의 앞에 있는데, 이는 성성이 주(主)고 동적(動的)이라는 의미로서, 이는 우리의 영혼이 육근(六根)의 문을 열고 육경(六境)에서 육식(六識)이 일어나서 분별하여 아는 상황을 의미하지요.

'적적(寂寂)한 가운데 성성(惺惺)함은 옳고'의 의미는 기적(氣的)으로 진공의 고요함 속에서의 우리의 영혼은 영적으로도 분별성이 일어나지 않아 고요하여 적적한 상태인데, 이 상태에서의 우리의 인식(認識)은 종적(從的)이고 정적(靜的)인 상태라 이해할 수 있고,

'적적(寂寂)한 가운데 무기(無記)는 그르며'의 의미는 비록 기적(氣的)으로 진공이기에 고요하고, 영적(靈的)으로도 분별성이 일어나지 않아 고요한 상태이지만 영혼이 잠에 빠지거나 멍한 상태가 아니라 초롱초롱하게 깨어 있는 정신 상태라는 뜻이죠.

따라서 위의 두 문장의 의미는, 기적(氣的)으로 텅 비어서 고요하고, 영적(靈的)으로도 고요한 가운데 성성하게 밝게 깨어 있는 인식 상태라 할 수 있지요. 따라서 이를 기적(氣的)으로 텅 비어 고요한 가운데 영적으로 밝게 깨어 있는 공적성성(空寂惺惺)한 본성인 정신 상태라 이해할 수가 있지요.

'성성한 가운데 적적함을 가질지니'라는 문구를 살펴보면, 성성(惺惺)이 적적(寂寂) 앞에 있어서 영적인 속성이 주(主)가 된 문장임을 알 수 있는데, 기(氣)가 주가 되고 영(靈)이 종이 된 적적성성에서의

성성의 의미가 육근의 문을 닫고 입정을 한 상태의 분별성이 없는 상태였다면, '성성한 가운데 적적함을 가질지니'의 의미는 영적(靈的)으로 밝게 깨어 있는 성성(惺惺)한 영성이 주(主)가 되고, 기적(氣的), 영적(靈的)으로 고요한 상태를 의미하는 적적(寂寂)이라는 용어가 뒤에 있어 종(從)이 된 것을 의미하는데, 이때는 우리의 영혼이 육근의 문을 열고 출정하여 바깥 경계를 인식함으로써 분별인 마음과 생각이 일어난 동적(動的)인 상황을 의미한다고 볼 수가 있죠.

또한 '성성한 가운데 망상은 그르다'는 의미는 '성성'이 앞에 나와 있음은 이가 주(主)가 되고 동적(動的)이라는 의미로서, 이는 텅 비어 고요한 진공에 입정(入定)해 있던 우리의 영혼이 출정(出定)하여 육경에서 마음이 일어날 때 공적영지한 자성을 보자는 의미로서, 이는 선(禪)을 할 때는 공적영지만 나타나게 할 뿐 이에 바탕하여 더 이상 자신의 생각으로 이어지게 하지 않아야 한다는 의미이지요.

따라서 '적적(寂寂)한 가운데 성성(惺惺)함은 옳고 적적(寂寂)한 가운데 무기(無記)는 그르며, 성성한 가운데 적적함은 옳고 성성한 가운데 망상은 그르다'의 의미는 선(禪)을 할 때는 먼저 육근(六根)의 문을 닫고 두렷하고 고요하여 분별성과 주착심이 없는 공적성성한 본성인 정신에 입정(入定)하여 정신을 기르고, 육근의 문을 열고 출정(出定)하여 육경(六境)을 인식할 때는 자성(自性)의 공적영지(空寂靈知)로 먼저 인식을 해야 한다는 것이죠.

공적성성한 자성정에 입정해 있던 영혼이 출정하면 공적영지한 자성혜가 드러나는데, 이러한 공적영지를 드러나게 하는 이유는 선(禪)을 하는 사람이 출정할 때 만약 이 공적영지를 인식하지 못하고 육경에서 육식(六識)이 일어나면 탐진치(貪瞋痴)나 사상(四相)에 가린 마음과 생각이 일어나기 때문이죠. 이를 무명(無明)의 중생심이라 하고 이 때문에 어리석고 그릇된 삶을 살게 되어 죄를 짓고 벌을 받는 불행과 비극의 인생이 되고 죽어서도 수라 아귀 지옥 같은 악도에 떨어지고 다시 태어날 때는 축생이나 벌레로 태어나는 것이지요.

그러므로 우리가 은혜롭고 행복한 삶을 이생과 영생을 통하여 살기 위해서는 마음에 공적영지가 나타나게 해야 하는데, 이를 위해서는 당연히 선(禪)을 해야 하는 것이지요.

10

일상수행의
요법

① 심지(心地)는 원래 요란함이 없건마는 경계를 따라 있어지나니 그 요란함을 없게 하는 것으로써 자성의 정을 세우자.

② 심지는 원래 어리석음이 없건마는 경계를 따라 있어지나니 그 어리석음을 없게 하는 것으로써 자성의 혜를 세우자.

③ 심지는 원래 그름이 없건마는 경계를 따라 있어지나니, 그 그름을 없게 하는 것으로써 자성의 계를 세우자.

④ 신(信)과 분(奮)과 의(疑)와 성(誠)으로써 불신(不信)과 탐욕(貪慾)과 나태(懶怠)와 우치(愚癡)를 제거하자.

⑤ 원망생활을 감사생활로 돌리자.

⑥ 타력생활을 자력생활로 돌리자.

⑦ 배울 줄 모르는 사람을 잘 배우는 사람으로 돌리자.

⑧ 가르칠 줄 모르는 사람을 잘 가르치는 사람으로 돌리자.

⑨ 공익심 없는 사람을 공익심 있는 사람으로 돌리자. [18]

"심지(心地)는 원래 요란함이 없건마는 경계를 따라 있어지나 니 그 요란함을 없게 하는 것으로써 자성(自性)의 정(定)을 세우 자."

심지를 해석하면, 심(心)은 분별인 마음을 뜻하는데, 이때의 마음 은 마음 따라 일어나는 생각과 뜻까지를 포함한 것을 의미한다면, 지(地)는 이들이 바탕한 본성 즉 정신을 의미하지요.

즉, 우리의 성품은 두렷하고 고요하여 분별성과 주착심이 없는 공적성성한 정신과 두렷하고 고요한 가운데 신령스럽게 아는 공적영지한 분별성의 마음으로 구분할 수 있습니다.

이 성품에 바탕한 허령불매한 각자의 영혼은 견성을 한 부처의 마음과 견성을 하지 못한 중생심이 있는데, 심지(心地)에서 심(心)이 성품의 공적영지한 분별성인 부처의 마음과 성품을 깨닫지 못한 중생의 마음이라면, 지(地)는 마음과 생각과 뜻의 바탕이 되는 공적성성한 본성 즉 정신을 의미하지요.

또한 원래(原來)에서 원(原)이 심지에서 지(地)와 같이 근본적인 의미라면, 래(來)는 경계 따라 묘하게 일어나는 마음을 의미하죠.

그러므로 원래(原來)는 개령(個靈)인 우리 각자의 영혼이 가지고 있는 자유의지에 의한 것이 아니라 언제나 콩을 심으면 콩이 나게 해 주고 팥을 심으면 팥이 나게 해 주는 이미 원리화되어 있는 우주의 궁극적인 진리인 대령(大靈)인 공적성성하고 공적영지한 성품을 의미하는 것이지요.

그러면 심지에 요란함이 없도록 하기 위하여 자성의 정을 세운다는 말은 어떤 의미일까요?

자성이란 스스로 존재하는 성품을 의미하고, 정(定)이란 요란하거나 흔들리지 않은 안정된 상태를 의미합니다.

그러므로 자성의 정이라는 말은 스스로 존재하는 성품(性稟)의 두렷하고 고요하여 분별성과 주착심이 없는 정신 상태를 의미하지요.

따라서 자성의 정을 세운다는 말은, 심지는 원래는 요란함이 없지마는 경계를 따라 있어지게 되는데 이러한 요란함을 없게 하는 방법으로써는 기적(氣的)으로는 호흡할 때 몸의 중심인 단전에 힘을 주(住)하고 단전을 통해 진공의 기가 몸 전체에 가득하게 순환하게 하여 몸을 편안하고 생기롭게 하고, 영적(靈的)으로는 바깥 경계에 마음과 생각이 일어나지 않도록 육근(六根)의 문을 닫고 텅 비어 고요한 단전에 영혼을 주(住)하여 진공의 고요함에 합일함으로써, 두렷하고 고요하여 분별성과 주착심이 없는 공적성성(空寂惺惺)한 무념(無念)의 자성정(自性定)인 정신을 양성하자는 의미이지요.

"심지는 원래 어리석음이 없건마는 경계를 따라 있어지나니
그 어리석음을 없게 하는 것으로써 자성의 혜(慧)를 세우자."

마음은 원래 성품에 바탕할 때는 어리석지 않으나 외경(外境)을 따라 사상(四相)을 일으키고 탐진치(貪瞋痴)가 발생하면 어리석게 되지요.

그러면 어떻게 해야 심지를 어리석지 않을 수 있게 할 수 있을까요?

그 방법은 회광에 바탕한 반조를 하는 것입니다.

자성의 정을 세우기 위해서 단전주로 입정하여 무념의 자성정인

102

본성을 세웠으면, 출정할 때는 본성에 바탕한 자성의 혜를 세우는 무상의 반조를 해야 하는 것이지요.

즉, 자신의 영혼이 몸 안의 가장 깊은 중앙의 단전으로 호흡하면서 입정(入定)을 하면 혼란스러운 생각은 멈추어지고 진공의 맑은 기운이 몸 안에 가득하여 신진대사가 원활하게 이루어집니다.

그리하여 신경조직이 살아나고 기와 혈의 순환이 원활해져서 텅 비어 고요한 가운데 밝게 깨어 있는 공적성성한 자성정을 느낄 수 있게 되지요.

이에 바탕하여 출정을 하면 육경에서 육식의 분별이 일어날 때 텅 비어 고요한 가운데 신령스럽게 아는 공적영지한 무상의 자성혜가 발하게 되는데, 이를 두고 어리석음이 없는 자성혜를 세우는 것이라는 것이지요.

이처럼 자성의 정은 영혼이 몸의 중심인 단전에 주하는 회광(廻光)을 하여 입정(入定)함으로써 텅 비어 고요한 공적에 분별성과 주착심이 없는 정신인 공적성성한 본성을 회복함으로써 세워지는 것이라면, 자성의 혜를 세우는 방법은 우리의 영혼이 공적성성한 자성정의 광명을 육근(六根)의 문을 열고 육진(六塵)을 비추는 출정(出定)을 할 때 육경(六境)에서 공적영지한 무상(無相)의 자성혜가 나타나도록 하는 것이지요.

"심지는 원래 그름이 없건마는 경계를 따라 있어지나니, 그 그름을 없게 하는 것으로써 자성의 계를 세우자."

자성의 계는 세우는 순서를 보면, 1단계로써 일이 없을 때는 회광(迴光)하여 무념의 자성정을 세우고, 2단계로써 일이 있을 때는 반조(返照)하여 무상의 자성혜를 세우며, 3단계로써 무상의 사리연구와 4단계로써 무상의 작업취사를 실행하다가 일을 마치면, 5단계로써 또다시 위의 1~4단계를 자신이 처한 상황에 따라 지혜롭게 선택하여 실행하는 것으로써 이를 위한 심법(心法)은 중도(中道) 즉 무주(無住)가 되는 것이지요.

그래서 무주의 자성계라고도 하는 것입니다.

1단계인 무념의 자성정은 우리의 영혼이 두렷하고 고요하여 분별성과 주착심이 일어나지 않은 공적성성한 입정 상태인 정신수양 상태를 의미합니다.

2단계인 무상의 자성혜는 우리의 영혼이 안으로 단전으로 회광하여 공적성성한 무념의 자성정의 상태에서 밖으로 육근을 통해 육진을 반조하여 육경에서 육식이 일어날 때 안으로 아상·인상·중생상·수자상이 없이 분별하는 스스로 존재하는 성품의 지혜를 말하죠.

3단계~ 5단계는 부처는 1~ 2단계에 바탕하여 마음과 생각을 일으키므로 무상의 사리연구(事理硏究)와 무상의 작업취사(作業取捨)

가 가능하고 일을 마치면 또다시 자신을 위해 가장 적합한 단계를 지혜롭게 선택하여 은혜롭고 행복한 삶을 살아가게 되지만, 중생은 사상(四相)에 얽매이고 탐진치의 욕망에 사로잡혀 무명심(無明心)으로 살아가므로 죄악에 빠져서 불행하고 비극적인 삶을 살아가는 것이지요.

어리석은 자의 눈에는 재색명리만 보이고 스스로 존재하는 성품인 자성은 보이지 않기 때문에 자성을 잃은 상태에서 재색명리를 추구함으로써 결국 불행과 비극의 삶으로 이어집니다.

하지만 지혜로운 자에게는 자성이 먼저 보이고 재색명리는 자성에 바탕해서 보기 때문에 재색명리에 끌려가지 않고 지혜롭게 대처하므로 영원한 지혜와 복락을 장만하는 요인이 되지요. 이 때문에 무념의 자성정, 무상의 자성혜, 무상의 사리연구, 무상의 작업취사를 선택적으로 원만하게 수용하여 실행하는 무주의 자성계를 세우는 것은 행복의 필요충분한 조건이 되는 것이지요.

"신(信)과 분(奮)과 의(疑)와 성(誠)으로써 불신(不信)과 탐욕(貪慾)과 나태(懶怠)와 우치(愚癡)를 제거하자."

진행사조(進行四條): 실행해야 할 네 가지 조목
① 신(信) : 즉 믿음은 자신의 몸의 중심인 단전에 입정함으로써

깨닫게 되는 공적성성한 무념의 본성과 출정하여 바깥 경계를 접할 때 공적영지한 무상의 분별성이 인식될 때에 생기는 자신감이지요. 우리가 안으로 입정(入定)인 정신수양을 통해 공적성성한 정신인 본성을 깨달으면 지(智)가 나타나고, 밖으로 출정(出定)을 통해 공적영지한 분별성을 깨달으면 혜(慧)가 나타나는데, 이처럼 본성인 지에 바탕한 마음작용인 혜를 사용할 줄 아는 사람은 마음이 요란하거나 어리석지 않아서 그릇된 생활을 할 수 없는 진리적인 확고한 믿음의 자신감이 생기는데, 이는 만사를 이루는 원동력이 됩니다.

② 분(奮) : 분발을 의미하는데, 이 분발(奮發)은 용장한 전진심으로 만사를 이루려 할 때 기어코 해내고야 말겠다는 강력한 의지를 말합니다.

③ 의(疑) : 일과 이치에 모르는 것을 발견하여 알고자 함을 이름인데, 이는 만사를 이루려 할 때 모르는 것을 알아내는 원동력입니다.

④ 성(誠) : 정성을 의미하며, 이는 간단(間斷) 없는 마음과 실천력으로 만사를 이루려 할 때 그 목적을 달성하게 하는 원동력이 되는 것이지요.

사연사조(捨捐四條): 버려야 할 네 가지
① 불신(不信) : 신(信)의 반대로 믿지 아니함을 이름이니, 만사를

이루려 할 때 결정을 얻지 못하게 하는 것을 말합니다. 불신하는 상태에서는 자신감이 상실되어 어떤 일이든 진행할 수 없기 때문이지요.

② 탐욕(貪慾) : 모든 일을 상도(常道)에 벗어나서 과(過)히 취(取)함을 의미합니다.

③ 나태(懶怠) : 만사를 이루려 할 때 하기 싫어하는 게으름을 의미합니다.

④ 우치(愚痴) : 천조(天造)의 대소유무(大小有無)와 인간의 시비이해(是非利害)를 전연 알지 못하고 자행자지(恣行自止)함을 의미하지요.

우리가 정말로 행복한 인생을 살고자 하면 갖추어야 할 진행사조인 신분의성을 갖추고, 버려야 할 사연사조인 불신과 탐욕과 나태와 우치는 과감하게 버려야 하는 것이지요.

"원망생활을 감사생활로 돌리자."

우리 인류는 세상에서 많은 은혜를 입고 살아가고 있지요. 하늘의 공기가 있으므로 호흡을 하고, 땅의 바탕이 있으므로 몸을 의지하며, 해와 달의 밝음이 있으므로 세상 만물을 분별할 수 있고, 바람과 구름과 비와 이슬이 있으므로 만물이 생육되어 그것을 먹고 살 수가 있습니다.

또 부모님의 낳아 주시고 길러 주신 은혜와 인간으로서 마땅히 가져야 할 도리를 가르쳐 주시고 인도해 주신 은혜가 있습니다.

또한 동포의 은혜로써 배우고 연구하여 모든 학술과 정사로 우리를 지도하여 주는 사(士)의 은혜와 심고 길러서 우리의 의식 원료를 제공해 주는 농(農)의 은혜, 각종 물품을 제조하여 우리의 주처(住處)와 수용품을 공급해 주는 공(工)의 은혜와 천만 물질을 교환하여 우리의 생활에 편리를 제공해 주는 상(商)의 은혜도 있고요.

그리고 정치와 종교의 법으로 바르게 살아갈 수 있도록 하고, 사농공상의 기관을 설치하고 지도해 주고 지식을 함양하게 하고, 시비이해를 구분하여 정의롭고 안녕한 생활을 유지하게 해 주는 법률의 은혜가 있어서 우리가 은혜롭게 살아갈 수 있는 것입니다.

그러므로 이 네 가지 은혜에 보은하는 생활이야말로 행복으로 가는 길이 되는 것이지요.

"타력생활을 자력생활로 돌리자."

타력적인 생활은 당장은 편한 것 같으나 사실은 자신의 운명이 타인에 의해 결정이 되도록 하는 것이기에 정말 어리석고 불안한 삶이 아닐 수 없죠.

그러나 자력으로 사는 생활은 당장은 힘이 드는 것 같으나 자신의 행복은 스스로의 힘으로 만들어 가는 보람과 희망과 용기를 솟아나게 하므로 더욱 활기차고 행복한 삶이 되게 하지요.

"배울 줄 모르는 사람을 잘 배우는 사람으로 돌리자."

배우지 않으면 알지 못하고 무지하면 일을 할 수가 없으므로 세상에서 가치 없는 사람이 되지요. 세상에 태어나서 가치 있는 사람이 되려면 지식을 갖추어야 하나니 지식을 갖추려면 학식과 기술을 배워야 하는 것이지요.

세상은 아는 자가 모르는 자를 가르치고 지도할 수 있으므로 아는 자가 되기 위해서는 배워야 하지요. 모르면 남의 결정에 따르게 되고 그 결정이 잘못되면 나에게는 불행이 되므로 어찌 배우지 않아 스스로 불행을 자초하겠습니까.

자신의 행복이 자신의 능력에 의해 실현되고 타인에게도 행복의 길로 인도해 줄 수 있다면 은혜롭고 가치 있는 인생이겠죠. 그러므로 은혜를 실현할 수 있는 가치 있는 인생이 되려면 실력을 갖추기 위해 잘 배우는 사람이 되어야겠습니다.

"가르칠 줄 모르는 사람을 잘 가르치는 사람으로 돌리자."

자신이 실력을 갖출 수 있었던 것은 누군가가 자신을 가르쳐 주었기 때문이지요. 그러니 은혜를 입은 사람은 은혜를 갚을 줄 아는 것이 도리 아니겠습니까.

자신은 남에게서 가르침을 받았으면서 남에게는 가르쳐 주지 않는다면 세상의 은혜에 보은하지 않고 배은을 하는 것이어서 세상은 그에게 더 이상 은혜를 베풀어 주지 않으니 자신의 삶도 그만큼 어두워지겠지요.

또한 인류는 넓게 보면 지구라는 집에 함께 사는 한 가족이므로 남의 자녀도 형편이 허락되는 대로 가르치면 그 가르침의 은혜를 받은 학생이 훌륭하게 성장하여 세상에 유익한 일을 한다면 결국 현생과 영생을 통하여 자신에게도 행복이 돌아오는 것이지요.

"공익심 없는 사람을 공익심 있는 사람으로 돌리자."

인간은 사회를 떠나서는 살아갈 수 없으며 사회의 평화와 발전이 자신의 행복과도 직결되지요. 그러므로 자신과 가정, 직장, 국가, 세계가 은혜롭고 행복해지려면 그 구성원들이 공익심을 실천해야 하지요.

11

정기훈련과
상시훈련

습관은 제2의 천성이라는 말이 있습니다. 그런데 좋은 습관은 인생에 도움이 되지만 나쁜 습관은 삶을 불행하게 만드는 요인이 되지요. 이러한 습관을 바꾸어 건전한 정신과 건강한 육신을 만들려면 마음공부와 훈련을 통해 가능한 것인데, 소태산 대종사님께서는 인간의 정신과 육신을 개조하는 방법으로 정기훈련법과 상시훈련법을 제시해 주셨지요.

첫째, 정기 훈련법에 대하여 말씀하시기를,

공부인에게 정기(定期)로 법의 훈련을 받게 하기 위하여 정기 훈련 과목으로 염불 좌선 경전 강연 회화(會話) 의두(疑頭) 성리(性理) 정기일기 상시일기 주의(注意) 조행(操行) 등의 과목을 정하였나니, 염불 좌선은 정신수양 과목이요, 경전 강연 회화 의두 성리 정기일기는 사리연구 과목이요, 주의 조행 상시일기는 작업취사 훈련과목이라 하시며,

염불은 지정한 주문 중에 하나를 선택해서 계속해서 외우는 것으로써, 이는 흩어진 정신을 일념으로 만들기 위함인데, 그 방법으로는 마음과 기운을 단전에 주하고 단전주호흡으로 하는 것이요,

좌선은 기운을 바르게 하고 마음을 지키기 위하여 마음과 기운을 단전에 집중(集中)하되 한 생각이라는 주착도 없이 하여, 오직 원적무별(圓寂無別)한 진경에 그쳐 있도록 함이니, 이는 사람의 순연한 근본정신을 양성하는 방법이요,

경전은 지정교서와 참고 경전 등을 공부함을 이름이니, 이는 공부

인으로 하여금 그 공부하는 방향로를 알게 하기 위함이요,

강연은 사리(事理) 간에 어떠한 문제를 정하고 그 의지(意志)를 해석시킴이니, 이는 공부인으로 하여금 대중의 앞에서 격(格)을 갖추어 그 지견(知見)을 교환하며 혜두(慧頭)를 단련시키기 위함이요,

회화는 각자의 보고 들은 가운데 스스로 느낀 바를 자유로이 말하게 함이니, 이는 공부인에게 구속 없이 활발하게 의견 교환하며 혜두(慧頭)를 단련시키기 위함이요,

의두는 천조(天造)의 대소유무의 이치와 인간의 시비이해의 일이나, 과거 불조의 화두 중에서 의심나는 제목을 연구하여 감정(鑑定)을 얻게 하는 것이니, 이는 연구의 깊은 경지를 밟는 공부인에게 사리 간에 명확한 분석을 얻도록 하기 위함이요,

성리는 우주 만유의 본래 이치와 우리의 자성 원리를 깨달아 알도록 하자는 것이며,

정기일기는 당일의 작업 시간 수와 수입 지출을 기재하여 노동 시간을 통해 경제적 자립을 이루고, 심신작용의 처리건과 감각(感覺)과 감상(感想)을 기재하여 마음공부의 실력을 더욱 깊고 넓고 높게 확장하도록 하자는 것이며,

상시일기는 당일의 유무념 처리와 학습 상황과 계문의 범과(犯過) 유무를 기재하여 삶의 발전 정도를 파악하여 더욱 발전하도록 하기 위함이요,

주의는 사람의 육근을 동작할 때 하기로 한 일과 안 하기로 한 일

을 경우에 따라 잊어버리지 아니하고 실행하는 마음을 이름이요,

조행은 사람으로서 사람다운 행실을 가짐을 이름이니, 이는 공부인으로 하여금 그 공부를 언제든지 대조하여 실행에 옮김으로써 공부의 실효과를 얻게 하기 위함이라고 말씀하셨습니다.

그런데 우리는 왜 이러한 훈련과목들을 실천해야 할까요?

왜냐하면 일이 없을 때 이러한 정기훈련 과목을 잘 단련해 두어야 일이 있는 일상생활 속에서 육근을 작용할 때 자신의 정신을 바깥 경계에 빼앗기지 않고 온전한 마음으로 지혜롭게 몸과 마음을 사용하여 은혜롭고 행복한 삶을 누릴 수 있기 때문이지요.

둘째, 상시훈련법에 대해서도 말씀하시기를,

공부인에게 일을 하는 일상생활 속에서 일 없을 때 단련해 놓은 정기훈련 과목을 제대로 활용할 수 있도록 하는 상시훈련법으로는 '상시 응용 주의 사항 6조와 교당 내왕시 주의 사항 6조를 정하셨는데, 먼저 상시 응용 주의 사항 6조를 보면

① 응용하는 데 온전한 생각으로 취사하기를 주의할 것이요.

② 응용하기 전에 응용의 형세를 보아 미리 연마하기를 주의할 것이요.

③ 노는 시간이 있고 보면 경전 법규 연마하기를 주의할 것이요.

④ 경전 법규 연습하기를 대강 마친 사람은 의두 연마하기를 주의할 것이요.

⑤ 저녁에 살림에 대한 일이 있으면 다 마치고 잠자기 전 남은 시간에 또는 새벽에 정신을 수양하기 위하여 염불과 좌선하기를 주의할 것이요.

⑥ 모든 일을 처리한 뒤에 그 처리건을 생각하여 보되, 하자는 조목과 말자는 조목이 실행이 되었는가 못 되었는가 대조하기를 주의해야 한다고 하셨지요.

비록 일이 없는 정시(靜時)에 정기 훈련과목들을 열심히 수련하여 이에 관한 실력을 갖추어 놓았다고 할지라도 일이 있는 동시(動時)에 이를 활용하지 않으면 무슨 소용이 있겠습니까.

그렇기 때문에 이 상시 응용 주의 사항을 훈련 조목으로 정하여 정기 훈련과목을 상시에 활용함으로써 생활 속에서 시간을 헛되게 보내지 말고 가치 있게 보냄으로써 우리의 삶을 더욱 건강하고 행복하게 만들어 가자는 것이지요.

교당 내왕시 주의 사항을 보면

① 상시 응용 주의 사항으로 공부하는 중 어느 때든지 교당에 오고 보면 그 지낸 일을 일일이 문답하는 데 주의할 것이요.

② 어떠한 사항에 감각된 일이 있고 보면 그 감각된 바를 보고하여 지도인의 감정(鑑定) 얻기를 주의할 것이요.

③ 어떠한 사항에 특별히 의심나는 일이 있으면 그 의심된 바를 제

출하여 지도인에게 해오(解悟) 얻기를 주의할 것이요.

④ 매년 선기(禪期)에는 선비(禪費)를 미리 준비하여 선원(禪院)에 입선하여 전문 공부하기를 주의할 것이요.

⑤ 매 예회(例會) 날에는 모든 일을 미리 처결하여 놓고 그날은 교당에 와서 공부에 전심전력하기를 주의할 것이요.

⑥ 교당에 다녀갈 때는 어떠한 감각이 되었는지 어떠한 의심이 밝아졌는지 소득 유무를 반조(返照)하여 본 후에 반드시 실생활에 활용하기를 주의하라고 하셨지요.

교당 내왕시 주의 사항은 상시에 행하는 것이므로 이도 또한 상시 훈련조목이 되는 것인데, 이의 특징은 상시에 모르던 것을 교당에 오면 문답하고, 감각된 바를 감정을 받고, 의심된 것은 해오(解悟)를 얻도록 하자는 것인데, 이에는 정기 훈련과목의 내용도 포함이 되는 것이지요. 왜냐하면 상시 응용 주의 사항을 실천함에는 정기 훈련과목이 바탕이 되어 있기 때문이지요.

또한 선비를 마련하여 전문 공부를 하고, 예회 날에는 공부에 전심전력하고, 교당을 다녀갈 때에는 감각과 의심에 대한 소득 유무를 반조하여 실생활에 활용하여야 한다고 되어 있지요.

대종사님께서 정기훈련 11과목과 상시훈련 12조목으로써 상시 응용 주의 사항 6조목과 교당 내왕시 주의 사항 6조목을 실행하도록 하신 이유는 이를 통해 일이 없는 정시(靜時)에는 정기 훈련과목을 훈련하여 심신을 단련하였다가, 일이 있는 동시(動時)에 이를 활용을 하도록 함으로써 한순간도 끊어짐이 없이 일원상 진리에 부합하는 인생이 되도록 하여 은혜롭고 행복한 삶을 영위할 수 있도록 하신 것이지요.[19]

12

화두(話頭)와 성리(性理)
및 주문(呪文)[20]

1) 화두(話頭)

(1) 세존이 도솔천을 떠나지 아니하시고 이미 왕궁가에 내리시며 모태 중에서 중생제도를 마치셨다 하니 그것이 무슨 뜻인가?

시작도 없고 끝도 없이 돌고 도는 일원상진리는 거짓 없이 영원히 진행되므로 성품을 깨달아 진리와 하나가 된 석가세존이 이 세상에 탄생하시기 전에 천상의 도솔천에 계시면서 이미 세상(왕궁가)에 태어나서 성불(成佛)하고 제중(濟衆)하는 불법(佛法)을 펴겠다는 뜻을 세웠으므로 결국 뜻한 바를 이룬 것이나 다름이 없다는 뜻이지요.

이와 같이 세존께서 성불하고 제중함이 가능한 것은 우주의 궁극적 진리는 시공을 초월하여 불생불멸하고 인과보응하는 것이고, 그 진리는 두렷하고 고요하여 분별성과 주착심이 없는 공적성성한 본성과 텅 비어 고요한 가운데 신령스럽게 아는 공적영지한 분별성이 있어서, 이를 깨달아 실행할 수 있는 능력이 있었기 때문이지요.

(2) 세존이 열반에 드실 때에 내가 녹야원으로부터 발제하에 이르기까지 이 중간에 일찍이 한 법도 설한 바가 없노라 하셨다 하니 그것이 무슨 뜻인가?

녹야원은 세존이 진리를 대각하시고 교진여 등의 제자들에게 처음으로 불법을 전하신 성지이고 발제하는 세존이 열반에 드신 강가의 성지를 말합니다. 그 사이 49년 동안 세존이 설법을 하셨지만 설법을 했다는 상(相)이 없이 무상인 진리의 마음으로 하셨다는 뜻이지요.

중생들은 무엇을 조금만이라도 남을 위해 일을 하였으면 상이 마음에 남아서 남이 알아주기를 바라거나 그 사실을 자랑하기 위해 온갖 잔머리를 굴리지만, 부처님은 그러한 중생심을 초월하여 무념(無念), 무상(無相), 중도(中道) 즉 무주(無住)라는 진리의 마음으로 하였다는 의미이지요.

비유하자면 부처님께서 어떤 한 중생도 제도했다는 생각이 없다는 것은 상대적인 생각이 없고 중생이 있다는 견해가 없고 또한 나라는 견해도 사라진 분별 주착의 상대적인 차원을 초월한 공적성성한 무념의 본성과 공적영지한 무상의 분별성의 경지에서 설하셨다는 뜻이지요.

(3) 고불미생전(古佛未生前) 응연일상원(應然一相圓)
석가유미회(釋迦猶未會) 가섭기능전(迦葉豈能傳)

"고불미생전(古佛未生前) 응연일상원(應然一相圓)"

옛날 부처님들이 세상에 탄생하지 않았던 때에도 일원상 진리는 자연히 존재하고 있었기에

"석가유미회(釋迦猶未會) 가섭기능전(迦葉豈能傳)"

　석가모니불이 불법을 펼치기 위해 회상을 열지 않았던 석가불보다 더 일찍 시대에 존재했던 가섭불도 진리를 전할 수 있었지요.

　여기서 '가섭'은 석가모니불의 제자로서 법통을 이어받은 1대조인 가섭존자를 뜻하는 말이 아니라 과거 7불 중 7불인 석가모니불 이전의 여섯 번째 불인 가섭불을 뜻합니다.

　그리고 석가유미회(釋迦猶未會)에서 '미회(未會)'는 '회상을 아직 열지 않은'이라는 뜻이며, 가섭기능전(迦葉豈能傳)에서 '기'(豈)는 훈과 음이 '어찌 기, 일찍 기'인데 여기서는 일찍이라는 뜻으로 해석해야 되지요.

　즉 석가모니불이 이 세상에 태어나 회상을 열고 불법을 전하기 이전에 이미 세상에 나와서 회상을 열고 불법을 전하셨던 가섭불은 어떻게 불법을 전할 수 있었느냐 하면, 불법은 석가모니불이 만든 것이 아니라 시작도 없고 끝도 없이 시간을 초월하여 원래부터 영원히 존재하는 일원상 진리가 있었기 때문에 가능하였다는 의미입니다.

2) 성리(性理)

(1) 변산구곡로(邊山九谷路) 석립청수성(石立聽水聲)
무무역무무(無無亦無無) 비비역비비(非非亦非非)

"변산구곡로(邊山九谷路) 석립청수성(石立聽水聲)"

변산(전북 부안군 소재)의 많은 계곡 길에 돌들이 서서 흘러가는 물소리를 듣는데

"무무역무무(無無亦無無) 비비역비비(非非亦非非)"

'무무역무무'에서 앞의 무무는 없는 것이 없으니 있다는 의미이고, 역(亦) 뒤의 무무에서 앞의 무는 역(亦) 앞의 있다는 유(有)를 뜻하는 무무를 뜻하는 무이므로 그러므로 뒤의 무무는 유(有)가 없으니 무(無)라는 의미로서 이는 '있음은 없음'이라는 말이고, '비비역비비' 역시 위와 같은 논리로 보면 '이다는 아니다'는 의미인데, 이는 반야심경의 색즉시공(色卽是空) 공즉시색(空卽是色)과 통하고, 앞 장에 나왔던 '게송'에서의 구공(俱空) 역시 구족(具足)과도 통하는 내용이지요.

윗글의 물소리를 듣는다는 의미는, 있다 없다, 이다 아니다는 분

별에 주착하는 중생심으로 듣는다는 것이 아니라, 진리적인 본연청 정한 마음으로 듣는다는 뜻입니다. 이 글을 쓰신 소태산 대종사님께 서 물이 흐르는 계곡의 돌과 한 몸이 되고 한 마음이 되어 흐르는 물 소리를 듣는다는 의미로써 이는 일원상 진리와 합일된 심경을 표현 하신 시이지요.

(2) 유위위무위(有爲爲無爲) 무상상고전(無相相固全)
망아진아현(忘我眞我現) 위공반자성(爲公反自成)

"유위위무위(有爲爲無爲) 무상상고전(無相相固全)"

우리가 생각하고 행동하는 모든 일들은 알고 보면 유무를 초월한 일원상진리의 작용인데 자기(自己)라는 상(相)을 가지고 하니 중생 이지만 마음에 자기라는 상(相)이 없이 해야 일원상 진리의 마음이 되어 진실로 온전한 상(相)을 나툴 수 있는 것이며

"망아진아현(忘我眞我現) 위공반자성(爲公反自成)"

'나'라는 사상(四相)을 잊으면 참다운 진리가 내가 되어 나타나고, 나를 잊고 공(公)을 위해 진리대로 사는 것이 도리어 나를 위해 사는

것이니, 세상을 위해 주는 것이 결국 자신을 위하는 길이라는 뜻이
지요.

　(3) 대지허공심소현(大地虛空心所現)
　　　시방제불수중주(十方諸佛手中珠)
　　　두두물물개무애(頭頭物物皆無碍)
　　　법계모단자재유(法界毛端自在遊)

　　　"대지허공심소현(大地虛空心所現)"

　하늘의 허공과 땅의 만물은 천지(天地)의 식(識)인 일원상 진리의
공적영지한 분별인 마음에 의해 나타난 바이며

　　　"시방제불수중주(十方諸佛手中珠)"

　시방세계의 모든 이치가 부처님의 지혜의 눈으로 보면 손안에 구
슬처럼 두렷이 드러나듯이 알 수 있고

　　　"두두물물개무애(頭頭物物皆無碍)"

세상의 모든 이치와 만물이 일원상 진리에 의해 걸리고 막힘이 없이 우주는 성주괴공(成住壞空)하고 지구는 춘하추동(春夏秋冬)하고 인간은 생로병사(生老病死)하는 것이니

"법계모단자재유(法界毛端自在遊)"

진리를 깨달으면 털끝처럼 눈에 보일 듯 말 듯 한 작은 티끌 같은 것일지라도 일원상진리에 바탕한 자연의 이치에 따라 무정물(無情物)은 무정물대로 유정물(有情物)은 유정물대로 자연스럽게 존재함을 알 수 있다는 뜻이지요.

3) 주문(呪文)

(1) 영주(靈呪)

"천지영기아심정(天地靈氣我心定)"

천지의 신령스러운 기(氣)인 진공에 나의 마음을 정하는 입정(入定)을 하면

"만사여의아심통(萬事如意我心通)"

출정(出定)했을 때 모든 일과 이치를 공적성성하고 공적영지한 성품의 분별인 지혜로운 마음과 통해져서 내 생각도 성품과 같이 할수 있고

"천지여아동일체(天地與我同一體)"

입정하여 천지와 내가 본성에서 한 마음 한 몸이 되면

"아여천지동심정(我與天地同心正)"

출정했을 때 나도 천지와 같은 지혜로운 마음이 되어 바르게 행동할 수 있다는 뜻이지요.

(2) 청정주(清淨呪)

"법신청정본무애(法身清淨本無碍)"

법신인 영(靈)의 근본은 청정하여 장애가 없으므로

"아득회광역부여(我得廻光亦復如)"

나도 회광을 하면 그 청정함을 회복할 수 있고

"태화원기성일단(太和元氣成一團)"

크게 으뜸 되는 진공의 기(氣)를 나의 몸에 가득 채워서 하나가 되면

"사마악취자소멸(邪魔惡趣自消滅)"

나를 괴롭히는 삿된 마귀나 나의 정신과 육신의 나쁜 것들이 자연스럽게 소멸된다는 뜻이지요.

(3) 성주(聖呪)

"영천영지영보장생(永天永地永保長生)"

하늘과 땅이 영원하고 영원토록 보호되고 존속되고

"만세멸도상독로(萬世滅度常獨露)"

영원한 세상에 유정물과 무정물들이 사라져도 자연의 법에 맞게 다시 생겨나는 것은 항상 홀로 존재하는 절대적인 진리가 맑은 이슬처럼 깨끗하게 존재하기 때문이며

"거래각도 무궁화(去來覺道無窮花)"

가고 오는 생사(生死)의 길(이치)을 깨달으면 영원히 피어 있는 아름답고 향기로운 꽃이 핀 길을 걷듯이

"보보일체 대성경(步步一切大聖經)"

걸음걸음이 기쁜 마음으로 크게 성스러운 길을 걸을 수 있도다.

13

새 생활 기원문

(祈願文)

일상원(一相圓) 중도원(中道圓) 시방원(十方圓)

주세불(主世佛) 불일중휘(佛日重輝) 법륜부전(法輪復轉)

조사(祖師) 불일증휘(佛日增輝) 법륜상전(法輪常轉)

세계부활(世界復活) 도덕부활 회상부활

성인(聖人)부활 마음부활,

네 가지 훈련(자신훈련·교도훈련·국민훈련·인류훈련)

대서원(大誓願) 대정진(大精進) 대불과(大佛果)

대불공(大佛供) 대자유(大自由) 대합력(大合力)

대참회(大懺悔) 대해원(大解寃) 대사면(大赦免)

대보은(大報恩) 대진급(大進級)

일원회상(一圓會上) 영겁주인(永劫主人)

일원대도(一圓大道) 영겁법자(永劫法子)

천불만성발아(千佛萬聖發芽)

억조창생개복(億兆蒼生開福)

무등등한 대각도인(無等等한 大覺道人)

무상행의 대봉공인(無相行의 大奉公人)

대종사님의 일대경륜(一大經綸) 제생의세(濟生醫世)

동원도리(同源道理)

동기연계(同氣連係)

동척사업(同拓事業)

진리는 하나
세계도 하나
인류는 한 가족
세상은 한 일터
개척하자 하나의 세계 [21]

"일상원(一相圓)"

이 세상을 포함한 우주에는 유(有)와 무(無)의 세계를 관통(貫通)하면서 또한 이를 총섭(總攝)하는 불생불멸(不生不滅)하면서 인과보응(因果報應)하는 영원한 하나(一)의 진리가 바탕(相)하고 있습니다.

이 진리는 우주를 성주괴공(成住壞空)으로 돌리고 만물은 생로병사(生老病死)로 돌리고 인간을 포함한 유정물(有情物)인 사생[태(胎), 난(卵), 습(濕), 화(化)]은 각자의 심신(心身)작용으로 지은 바 인과(因果)에 따라 생(生)과 사(死)를 통해 육도(천상 · 인도 · 수라 · 아귀 · 지옥 · 축생)로 윤회(輪廻)시키면서 영원히 돌리고 돌리는 원(圓)의 작용을 합니다. 이를 일러 '일상원(一相圓)'이라고 하는 것이지요.

이 진리는 인간도 자신의 마음과 몸의 작용을 따라 죄를 지으면 불행을 주고, 복을 지으면 행복을 주며, 죽으면 자신의 영혼이 살았을 때의 지은 바에 따라 육도와 사생으로 변화시키며 인과보응의 진리를 나투는 것이지요.

"중도원(中道圓)"

'선(善)이다, 악(惡)이다, 밉다, 곱다, 좋다, 싫다' 등은 영원불멸하고 광대무량한 우주의 하나인 진리심을 조각내고 분열시키는 중생의 상대적인 마음작용이지요.

중생은 이 분별심과 주착심에 얽매이는 상대심으로 인해 오히려 선을 행하고 복을 누리고자 하나, 결과는 지옥에 떨어지고 축생의 과보를 받는 악도를 면하지 못하는 것입니다.

그러나 부처님은 이러한 상대심을 초월하여 절대적인 진리의 마음으로 선과 악을 보고 대하기 때문에 거기에 물들거나 얽매이지 않고 맑고 밝고 바른 생각이 되므로 마음에는 평화와 행복이 가득해지는 것이지요.

"시방원(十方圓)"

시방세계(하늘과 땅의 방향과 사방팔방에 있는 모든 세계), 즉 우주 전체가 일원상진리로 되었다는 뜻입니다.

"주세불(主世佛)"

주도적으로 세상을 구제하기 위해 탄생하신 부처님이신 소태산 대
종사님을 의미합니다.

"불일중휘(佛日重輝) 법륜부전(法輪復轉)"

부처님의 깨달은 밝은 일원상진리가 다시 빛을 발하고 진리의 수
레바퀴가 다시 굴러감을 의미합니다.

부처님께서 진리를 전하고 열반에 드신 지 이미 오랜 세월이 지나
많은 시대의 변화를 겪는 동안 부처님께서 밝히신 진리에 따른 당시
의 제도와 관습이 새로운 시대에서는 맞지를 않아 위력을 잃고 희미
해지고 맙니다. 이에 소태산 대종사님께서 이 세상에 탄생하시어 원
불교를 창건하시고 일원상진리를 새 시대에 맞게 인류에게 다시 밝
혀 주시니, 쉬려던 진리의 수레바퀴가 다시 굴러 간다는 뜻이지요.

"조사(祖師) 불일증휘(佛日增輝) 법륜상전(法輪常轉)"

조사들이 세상에 나오시어 불법의 밝은 빛을 더욱 빛내니 진리의
수레바퀴는 영원히 굴러가게 된다는 뜻입니다.

조사는 부처님의 가르침에 바탕하여 새롭게 종교의 문을 연 교조

를 말합니다. 인도의 승려 달마대사는 석가모니불의 법통을 이은 1 대조인 마하가섭존자로부터 내려온 법통을 이어받아 28대조가 되었으나 인도에서는 더 이상 불교의 희망이 없음을 예견하시고 인도시대를 마감하고 중국으로 불법을 전하기 위해 건너와 선종(禪宗)의 시조(始祖)가 되었는데, 이와 같이 새롭게 법을 펼친 스님을 조사라고 하지요.

달마대사 같은 조사들이 부처님의 깨달은 진리를 더욱 빛을 냄으로써 진리의 수레바퀴가 계속해서 굴러가도록 하는 것처럼, 소태산 대종사님도 그와 같이 부처님의 법을 새 시대를 맞이하여 한국이란 땅에서 전 세계 인류의 밝은 빛이 되도록 새로운 종교 원불교를 창시하시었으므로 조사에 비유한 것이지요.

"세계부활(世界復活), 도덕(道德)부활, 회상(會上)부활, 성인(聖人)부활, 마음부활"

부활이란 다시 살아남을 뜻하는 말로서, 세계가 부활하려면 도덕이 부활되어야 하고 도덕이 부활되려면 회상(원불교와 같은 진리적 종교)이 부활되어야 하고 회상이 부활되려면 성인이 부활해야 하고 성인이 부활하려면 우리들 각자가 자신의 마음을 깨달아 자신성업 봉찬을 하여 성불제중할 수 있는 성인(聖人)이 되어야 한다는 뜻입니다.

결국 이 세계를 낙원세계로 만드는 길은 기본적으로 자신의 마음을 깨치고 일원상진리를 깨달아서 스스로 부처가 되어야 한다는 뜻이지요.

"네 가지 훈련(자신훈련·교도훈련·국민훈련·인류훈련)"

수신(修身) 제가(齊家) 치국(治國) 평천하(平天下)라는 말이 있습니다. 가정을 다스리고 나라를 다스리고 세상을 다스리는 근본은 자신의 몸을 수련하는 것이라는 뜻이지요.

이처럼 먼저 자신부터 일원상진리에 바탕한 본성회복훈련을 통하여 불보살이 되어야 교도들의 모범이 되어 교도들을 훈련시킬 수 있는 능력이 생기고, 교도들이 일원상진리를 훈련을 통하여 성불제중할 수 있는 능력이 있어야 우리 국민들의 모범이 되어 국민들을 훈련을 시킬 수 있는 능력이 생기고, 우리 국민들이 훈련을 통하여 일원상진리를 실천할 수 있는 능력을 갖추어야 세계 인류의 모범이 되어 인류를 훈련시켜서 불보살이 되도록 하여 결국 이 세상을 불보살이 사는 불국정토(佛國淨土) 일원대도(一圓大道)의 낙원세계(樂園世界)가 건설된다는 뜻입니다.

"대서원(大誓願)"

일원상진리를 깨닫고 진리와 하나 되어 살기 위한 큰 소원을 의미
합니다.

"대정진(大精進)"

일원상진리와 합일하여 성불제중하는 부처가 되도록 몸과 마음으
로 정성스럽게 수행적공을 한다는 뜻입니다.

"대불과(大佛果)"

일원상진리를 깨치는 결과를 의미합니다.

"대불공(大佛供)"

일원상진리의 마음으로 생활하자는 뜻이지요.

"대자유(大自由)"

일원상진리처럼 유무초월하고 생사해탈하여 자유자재하자는 뜻입
니다.

"대합력(大合力)"

일원상진리는 우주만유를 관통하고 포용하고 총섭하는 진리이므로 우리들도 이 진리와 하나 되어 살아가자는 뜻이지요.

"대참회(大懺悔)"

일원상 진리에 합일이 되려면 참회를 통하여 탐심(貪心)·진심(嗔心)·치심(痴心)이라는 삼독심(三毒心)을 제거하고 자성의 계(戒)·정(定)·혜(慧)로 삼대력(三大力)을 갖추어 성불제중하는 부처가 되자는 뜻입니다.

"대해원(大解寃)"

유무초월하는 일원상진리와 하나가 되려면 남을 미워하는 원한을 품지 말아야 하는데, 남을 미워하는 마음으로는 절대로 성불할 수가 없기 때문이지요.

"대사면(大赦免)"

우리들 자신들도 알게 모르게 많은 죄를 짓고 살아가고 있는데,

어찌 남들의 잘못만을 들추어서 벌하려고 할까요.

남들의 잘못을 처벌하려는 마음에 집착하면 자신의 마음을 중생심으로 물들게 하여 대자대비한 부처가 되는 데 장애가 되므로 나와 세상에 피해를 준 죄인을 미운 마음으로 대하지 말고, 공적성성(空寂惺惺)한 진리의 마음이 되어 그들이 언젠가는 벌을 받게 될 것을 불쌍히 여기며 죄는 미워할지언정 사람은 미워하지 않고 개과천선하고 성불제중하기를 바라는 용서하는 마음이라야 선악에 물들지 않고 자신도 성불할 수 있다는 뜻입니다.

"대보은(大報恩)"

우리는 일원상 진리인 법신불 사은님의 은혜를 입었으니 우리도 일원상 진리처럼 은혜 실천의 생활을 하자는 뜻입니다.

"대진급(大進級)"

일원상 진리와 하나 되도록 심신을 작용하면 영생을 통하여 성불제중의 능력을 갖추는 진급이 이루어진다는 것을 의미하지요.

"일원회상(一圓會上) 영겁주인(永劫主人)
일원대도(一圓大道) 영겁법자(永劫法子)"

일원상 진리를 실현하는 원불교 회상에서 영원토록 일원상진리와 하나 되어 진리를 내 것으로 삼고 일원대도를 건설하며 은혜롭게 살아가는 해탈 자유의 부처가 되자는 뜻입니다.

"천불만성발아(千佛萬聖發芽)"

수많은 불보살 성인(聖人)들이 세상에 탄생되도록 우리들 각자가 자신(自身)을 성업봉찬(聖業奉讚)할 수 있도록 스스로 성인이 되고 부처가 되자는 뜻입니다.

"억조창생개복(億兆蒼生開福)"

수많은 인류가 일원상진리대로 살아서 복락의 문을 활짝 열자는 것을 의미하지요.

"무등등한 대각도인(無等等한 大覺道人)"

등(等)이란 차별 또는 등급이란 뜻으로 무등등(無等等)한 대각도인이란 분별 주착하는 차별의 중생심이 없는 일원상진리를 깨달은 부처님을 뜻합니다.

"무상행의 대봉공인(無相行의 大奉公人)"

중생들의 특징인 아상·인상·중생상·수자상 등의 상(相)을 초월하여 진리대로 살며 세상에 유익을 주는 부처를 뜻하지요.

"대종사님의 일대경륜(一大經綸) 제생의세(濟生醫世)"

대종사님께서 새회상 원불교를 창교(創敎)하신 목적은 일원상 진리의 천지은(天地恩)·부모은(父母恩)·동포은(同胞恩)·법률은(法律恩)인 사은(四恩)으로 만생령을 구제하고, 정신수양(精神修養)·사리연구(事理硏究)·작업취사(作業取捨)인 삼학(三學)으로 탐심(貪心)·진심(嗔心)·치심(痴心)이라는 삼독심(三毒心)에 빠진 인류의 정신을 치료하여 일원대도(一圓大道)의 낙원세계를 건설하시고자 하셨다는 뜻입니다.

"동원도리(同源道理) 동기연계(同氣連係) 동척사업(同拓事業)"

하나인 같은 근원의 진리와, 하나의 같은 기운으로 연계된 우주이니, 하나인 일원상진리에 바탕한 일원대도의 낙원세계를 건설하자는 것입니다.

진리는 하나
세계도 하나
인류는 한 가족
세상은 한 일터
개척하자 하나의 세계

모든 인류는 불생불멸하고 인과보응하는 하나의 우주 진리에
의해 하나의 이 세계를 한 일터 삼아 함께 살아가는 한 가족이
니 서로 협력하여 살기 좋은 광대무량한 낙원세계를 건설하자.

14

단전주 마음공부방의
단전주호흡과 단전요가

1) 단전주호흡

(1) 단전팽창압축호흡(丹田膨脹壓縮呼吸)

호흡할 때 단전에 정신을 주고, 기운은 단전에 툭 부려 놓아 단전이 힘의 중심이 되도록 합니다. 숨을 들이마실 때 단전에 힘을 주면서 단전부터 가슴과 몸 전체에까지 숨기운이 가득 차도록 숨을 길고 강하게 들이마셨다가, 숨을 내뿜을 때는 온몸을 쥐어짜듯이 기운을 단전으로 압축합니다.

(2) 단전축소팽창호흡(丹田縮小膨脹呼吸)

숨을 들이마실 때는 공기를 가슴의 폐를 중심으로 신체의 상부를 최대한 팽창을 시키지만 동시에 배 속 단전을 중심으로 한 신체의 하부는 최소가 되도록 하고, 숨을 내쉴 때는 단전에 힘을 주면서 단전을 중심으로 온몸에 풍선을 불리듯이 최대한 팽창시킵니다.

(3) 연결단전호흡

숨을 들이마실 때 단전에 힘을 주고 단전부터 가슴과 몸 전체에 숨기운을 가득 채웠다가, 내쉴 때는 몸에 해로운 탄소는 코로 내뿜으면서 동시에 가슴과 몸에 있던 진공의 기는 단전으로 압축해 줍니다.

그리고 다시 숨을 들이쉴 때는 축소된 단전은 그대로 두고 폐를 중심으로 숨을 길과 강하게 들이마셨다가 내뿜을 때는 코로는 가스를 내뿜으면서 진공의 기는 단전으로 보내어 풍선처럼 불리는 것이지요.

이러한 단전호흡의 효과는 기와 혈을 원활하게 순환시켜 몸의 세포들의 활동을 도와 생명력을 증대시키고, 몸속 나쁜 균들과 노폐물들을 몸 밖으로 배출시키는 작용을 하여 몸과 영혼을 모두 건강하게 해 준다는 것입니다. 이 호흡법은 걸어 다닐 때나 서 있을 때나 앉아 있을 때나 누워 있을 때나 언제 어디서나 할 수 있다는 점에서 우리의 건강과 행복을 위한 최상의 방법이라고 할 수 있지요.

2) 5단전호흡(5가지 단전호흡)

(1) 흉식(胸息)

가슴을 넓히며 숨을 쉰다는 말로, 생각을 단전에 주하고, 모은 두 손은 가슴에서 양쪽으로 벌리면서 단전과 가슴에 숨을 가득 들이마신 후 잠시 멈추었다가 탄소와 같은 탁한 공기는 코로 내보내고 다시 산소와 같은 맑은 공기를 들이마시기를 반복합니다.

단전호흡에서 공기를 단전까지 들이마시는 이유가 있습니다. 단전으로 몸에 기를 보충하여 몸속의 기의 순환을 돕고 허파의 크기를 크게 함으로써 산소의 유입을 많게 하여 산화질소를 만들어 혈관의 벽에 달라붙어 피의 순환과 영양공급을 차단하는 노폐물을 태워 제거하며, 흡입된 산소와 수소의 결합으로 수기를 만들어서 수기를 몸 속에 공급하여 탁한 피를 맑게 해 주고 수기의 부족으로 말라비틀어지는 신체의 세포를 생기 있게 회복시켜 주기 때문이지요.

(2) 단전식(丹田息)

단전에 힘을 주고 기를 단전을 통해 몸 전체에 가득 채운 후 잠시 멈추었다가 단전에 있는 기를 척추(등뼈)를 타고 경추(목뼈)까지 올려서 머리와 어깨까지 기를 보내면서 스트레칭을 한 후 다시 더 추가로 연속해서 단전으로 숨을 들이마신 후 내쉴 때는 탄소 같은 가스는 코를 통해 배출하면서 동시에 기는 단전을 불리면서 숨을 내쉽니다.

(3) 태식(胎息)

어머니가 아이를 뱄을 때 엄마 배 속에 있는 아이가 엄마와 연결된 탯줄을 타고 배꼽으로 숨을 쉬는 것처럼, 숨을 들이마시고 내쉴 때 배꼽을 통하여 단전으로 숨을 쉬는 것으로 의식하며 호흡하는 것을 말하지요.

이때 공기 속의 산소는 코를 통해 폐로 들어왔다가 탄소로 바뀌어 밖으로 나가지마는, 진공의 기는 배꼽을 통해 단전으로 들어왔다가 나가는 것으로 마치 우리가 엄마 배 속에서 숨을 쉬는 것처럼 하는 호흡입니다.

(4) 종식(踵息)

발꿈치로 숨을 쉰다는 말로, 발의 뒤꿈치를 통하여 단전호흡을 하는 것입니다.

(5) 치식(齒息)

이빨 사이로 숨을 쉰다는 말로, 단전으로 들이마신 숨을 내쉴 때는, 아이가 오줌을 눌 때 엄마가 '쉬~' 하고 소리를 내어 오줌을 편안하게 누게 하는 것처럼, 입술을 벌리고 이빨은 다문 상태에서 단전에 힘을 주고 이빨 사이로 가스를 배출하는 것을 말합니다.

3) 목 풀기 단전호흡요가

(1) 경추(목뼈) 풀기 요가

단전에서 몸 전체에 기를 가득 채운 후 단전에 힘을 주고 호흡을 멈춘 상태에서, 목을 앞과 뒤, 좌와 우로 움직이고, 시계 방향과 시계 반대 방향으로 돌려주다가 숨이 차면 숨을 내쉬고 다시 반복하여 호흡과 동작을 하는 것입니다. 굳어 있는 신체를 기의 순환을 통하여 유연하고 활기차게 해 주는 단전호흡요가이지요.

(2) 척추 풀기 요가

단전에서 몸 전체에 기를 가득 채운 후 단전에 힘을 주고 호흡을 멈춘 상태에서, 양팔을 전후좌우로 돌리고 몸통을 앞과 뒤로 젖히며 굳어 있는 척추에 기를 보냄으로써 유연하고 활기찬 척추가 되도록 하는 단전호흡요가입니다.

(3) 허리 풀기 요가

단전에서 몸 전체에 기를 가득 채운 후 단전에 힘을 주고 호흡을 멈춘 상태에서, 허리를 좌우로 돌리며 허리관절과 근육에 기를 보내어 굳어 있는 허리를 풀어 주어서 유연하고 활기찬 허리가 되도록 하는 단전호흡요가입니다.

(4) 손목 풀기 요가

단전에서 몸 전체에 기를 가득 채운 후 단전에 힘을 주고 호흡을 멈춘 상태에서, 손목을 앞과 뒤로 움직이고, 시계 방향과 시계 반대 방향으로 돌려주다가 숨이 차면 숨을 내쉬고 다시 반복하여 호흡과 동작을 해 줍니다. 굳어 있는 신체를 기의 순환을 통하여 유연하고 활기차게 해 주는 호흡입니다.

(5) 발목 풀기 요가

단전에서 몸 전체에 기를 가득 채운 후 단전에 힘을 주고 호흡을 멈춘 상태에서, 발목을 돌려줌으로써 굳어 있는 발목을 유연하고 활기차게 해 줍니다.

(6) 어깨 풀기 요가

단전에서 몸 전체에 기를 가득 채운 후 단전에 힘을 주고 호흡을 멈춘 상태에서, 어깨에 기를 보내어 어깨를 돌려서 유연하고 활기찬 어깨가 되도록 해 주는 단전호흡요가입니다.

(7) 무릎 풀기 요가

단전에서 몸 전체에 기를 가득 채운 후 단전에 힘을 주고 호흡을 멈춘 상태에서, 무릎을 돌려주세요. 굳어 있는 무릎을 유연하고 활기차게 해 주는 단전호흡요가입니다.

4) 소리단전요가

(1) 아 ~

단전에 힘을 주고 두 팔을 머리 위로 들면서 어깨를 뒤로 젖히며 단전부터 가슴 가득 숨을 들이마신 다음 잠시 멈추었다가, 숨을 내쉴 때 단전과 입이 통일된 하나의 악기가 되게 하여 단전에서 '아 ~' 하고 길고 고르게 소리를 내며 몸 전체에 울리도록 합니다.

단, 단전호흡이나 단전요가를 할 때는 어떠한 생각도 하지 말고 오직 단전에 기운이 주해 있도록 대중 잡아서 두렷하고 고요하여 분별성과 주착심이 없는 정신만이 있도록 하여 소리의 울림이 몸과 우주의 근원인 단전에서 나오는 소리임을 느낄 수 있어야 극락을 체험할 수 있겠지요.

(2) 어 ~

단전에 힘을 주고 두 팔을 어깨 위 135도 각도로 들면서 단전부터 가슴 가득 숨을 들이마신 다음 잠시 멈추었다가 숨을 내쉴 때 단전과 입이 통일된 하나의 악기가 되게 하여 단전에서 '어 ~' 하고 길고 고르게 소리를 내며 몸 전체에 울리도록 해 주세요.

(3) 우 ~

단전에 힘을 주고 가슴에 모은 두 손을 옆으로 벌리면서 단전부터 가슴 가득 숨을 들이마신 다음 잠시 멈추었다가, 숨을 내쉴 때 단전과 입이 통일된 하나의 악기가 되게 하여 단전에서 '우 ~' 하고 길고 고르게 소리를 내며 두 손을 모으며 몸 전체에 울리도록 합니다.

(4) 오 ～

단전에 힘을 주고 두 손은 아래로 내리고 단전부터 가슴 가득 숨을 들이마신 다음 잠시 멈추었다가, 숨을 내쉴 때 단전과 입이 통일된 하나의 악기가 되게 하여 단전에서 '오 ～' 하고 길고 고르게 소리를 내며 몸 전체에 울리도록 합니다.

(5) 음 ～

단전에 힘을 주고 두 손은 단전에 대고 단전부터 가슴 가득 숨을 들이마신 다음 잠시 멈추었다가, 숨을 내쉴 때 단전과 입이 통일된 하나의 악기가 되게 하여 단전에서 '음 ～' 하고 길고 고르게 소리를 내며 몸 전체에 울리도록 해 줍니다.

(6) 5음 연결 발성요가

위에서 행한 아, 어, 우, 오, 음 5가지 발성요가를 한 번에 자세와 발성을 연결하여 행합니다.

단, 시간의 장단에 신경을 쓰지 말고 자신의 신체적 상태에 맞도록 하셔야 합니다. 또한 음식을 섭취하여 배가 부른 상태에서는 단전으로의 기(氣) 순환이 원활하지 않기 때문에 부작용이 생기므로 소화가 된 공복에 해야 되겠지요.[22]

부 록

1

종교 사이의
교리적 상통성

1) 윤회설(輪廻說)과 창조설(創造說)

윤회설(輪廻說)과 창조설(創造說)은 현대 종교인들에게 가장 많은 논란의 대상이 되고 있는 것 중에 하나이지요. 윤회설은 주로 불교·힌두교·원불교에서, 창조설은 기독교·유대교·이슬람교에서 주장하는 진리입니다.

이 장(場)에서 필자가 의도하는 것을 결론부터 말하자면, 우주가 무(無)나 진공에서 창조되는 과정만을 놓고 볼 때는 창조설이 타당하지만 창조된 모든 피조물들이 시간의 흐름 속에서 다시 도태되고 소멸되는 과정을 통해 진공으로 되며 그것은 다시 새로운 모습으로 세상에 나타난다는 점에서 파괴되고 소멸되는 상황은 영원히 사라지는 것이 아니라 새로운 창조를 위한 변화의 과정이라고 말할 수 있다는 것이지요.

이러한 사실에서 윤회는 항상 새로운 창조를 뜻하는 것이며, 또한 창조는 윤회의 과정임을 알 수 있습니다. 그러므로 우주의 진리에서 윤회설과 창조설은 하나의 진리에 대한 두 가지 설명이며, 이 설명들은 결국 같은 내용이라 할 수 있는 것이지요. 왜냐하면 창조설은 윤회설의 부분적인 과정이고 윤회설은 창조설을 포함하는 전체적인 내용을 말한 것이지요.

다음은 이에 대한 설명입니다. 먼저 기독교의 '구약성서' 창세기편을 살펴볼까요.

"땅은 아직 모양을 갖추지 않고 아무것도 생기지 않았고, 어둠은 깊은 물 위에 뒤덮여 있었고 그 물 위에 하나님의 기운이 휘돌고 있었다. 하나님이 빛이 생겨나라고 하자 빛이 생겨났다."

하나님은 밤과 낮을 나누시고 하늘과 땅을 만들었지요. 춘하추동의 절기(節期)를 나타내고 인간을 포함한 온갖 생명체들이 이렇게 하나님의 말씀에 의해 생태계를 유지하며 살아갈 수 있도록 자연환경을 조성하였지요.

즉 어둠이 하나님의 말씀에 의해 빛으로 변화하고, 아무 형체도 갖추지 않은 무(無)의 세계가 하나님의 말씀에 의해 피조물들의 세계로 전개되었던 것입니다.

그런데 우리는 하나님이 만든 이 세상이 밤과 낮 그리고 4계절의 순환이나, 예수님이 다시 이 세상에 오신다는 예언으로 짐작해 볼 때 지극히 윤회적이라는 사실을 알 수 있습니다.

전지전능하게 모든 것을 완전하게 아는 하나님이기에 선을 행한 자에게는 복을 주고 악을 저지른 자에게는 벌을 내릴 때 조금도 틀림이 없이 정확하게 합니다.

우리 인간이 죄를 짓거나 복을 지었음에도 현생에서 그 대가를 다 받지 못하고 죽으면, 그것으로 끝나는 것이 아니라 영계에서 천국생활 또는 지옥생활을 하여 그에 대한 대가를 모두 다 받게 하지요.

또한 예수님과 같은 존재는 또다시 이 지구상에 태어난다는 예언이나 지금도 계속해서 세상에 인간을 포함하여 수많은 생명체들이 태어나고 있다는 점, 그리고 이러한 탄생에 하나님이 관여하고 있다는 점에서 기독교의 하나님은 지극히 윤회적인 진리를 내포하고 있음을 이해할 수가 있는 것이지요.

인간을 포함한 모든 생명체들이 이 세상에 태어날 때 누구는 사람으로, 누구는 짐승으로, 누구는 벌레로 다양한 형태로 태어나는데, 짐승이나 벌레로 태어난 영혼들은 자기들을 그렇게 만든 하나님에게 불만이 없을까요?

그렇다면 하나님은 그렇게 불공정한 행위를 하는 존재일까요?

하나님께서 그들은 원하지도 않았는데 사람과 짐승과 벌레로 누구는 좋게 누구는 나쁘게 창조한 것일까요?

사람으로 태어날 심신작용을 한 존재는 사람으로, 짐승이나 벌레로 태어날 심신작용을 한 존재는 또 그렇게 태어나도록 한 공정한 하나님이라야 우주 만유 모든 존재들의 항의를 받지 않고 영원토록 그들을 다스릴 수 있는 절대자로서의 위대한 하나님으로 인정받을 수 있지 않을까요.

불교의 교리에 의하면, 우주에는 공적영지의 광명이 있어서 진공에서 묘유로 변화하는 과정이 있는데, 이와 같이 처음 생겨나는 과

정은 기독교의 창조설에 비유될 수 있지요. 즉 아무것도 없는 진공의 고요한 공적 상태에 신령스럽게 빛처럼 밝게 아는 공적영지의 광명이 있어서 우주 만물을 창조하듯이 진공묘유의 조화로 묘하게 생겨나게 하여, 우주는 성주괴공으로, 만물은 생로병사로, 인간을 비롯한 생명체들은 심신작용에 따라 육도로 윤회를 시킨다는 것이죠.

이 윤회의 과정 중에 처음 생겨나는 과정은 창조되는 과정으로 볼 수가 있는 것이죠.

그럼 기독교 성경의 창세기를 살펴볼까요?

"하나님이 말씀하시기를 우리의 형상을 따라 우리의 모양대로 우리가 사람을 만들고" (1장 26절)
"너는 흙에서 취함을 입었으니 흙으로 돌아가리라." (3장 19절)

먼저 1장 26절을 보면, '하나님이 말씀하시기를 우리의 형상을 따라 우리의 모양대로 우리가 사람을 만들고'라고 되어 있는데, 여기에서 우리가 이해할 수 있는 점은, 하나님과 우리는 같은 존재이고, 세상에 태어나기 전의 영계에서의 우리와 세상에 태어난 후의 이 세상에서의 우리도 같은 존재라는 것이죠.

다시 말해서 세상에 태어난 우리라는 각자의 존재는 나 말고 또 다른 누군가가 나를 만든 것이 아니라 영계에 존재했던 우리 속의 내가 영계에 있을 때의 모습대로 이 세상에 태어났다는 것이지요.

다시 말해서 영계에 있던 모습대로 이 세상에 태어났다는 것은, 영계에서 짐승이나 벌레로 있다가 사람으로 태어난 것이 아니라는 말인데, 이는 불교 교리에 나오는 콩 심으면 콩 나고 팥 심으면 팥 난다는 인과보응의 진리에 따른 윤회 현상이라 볼 수가 있는 것이지요.

또한 3장 19절 '너는 흙에서 취함을 입었으니 흙으로 돌아가리라'는 구절에서 왔던 곳으로 다시 돌아간다는 말은 불교의 생로병사로 돌고 도는 윤회 현상으로 이해할 수가 있지요.

기독교는 창조적인 면을 강조한 관계로 우주의 근원인 하나님을 무소부재한 가운데 전지전능하여 만유를 창조한 인격적인 존재로 보게 되었고, 불교는 윤회를 강조한 관계로 우주의 유일 절대의 궁극적 진리인 법신불을 불생불멸(不生不滅)한 가운데 인과보응(因果報應)의 이치를 나투는 무위이화자동성(無爲而化自動性)으로 이해하게 된 것이지요.

그러나 무위이화자동성이 무인격적(無人格的)이라는 뜻은 결코 아닙니다. 그것은 탐진치(貪瞋痴)로 인한 욕망이 가득 찬 빗나간 인격이 아니라 우주에 편만한 공정(公正)한 법칙으로서의 성품의 공적성 성하고 공적영지한 인격성이기 때문이지요. 즉, 어디에 따로 계시는 인격적인 신(神)이 아니라 영원하고 무한한 우주를 관통하며 인간에게 죄를 지으면 벌을 주고 복을 지으면 행복을 주는 마치 인격적으로 보이는 공정한 진리라는 뜻이지요.

이렇게 보면 하나님의 인격성과 법신불의 무위자동성이 다른 것이 아닙니다. 왜냐하면 하나님 역시 전지전능하여 우주 삼라만상을 작동시킴에 얼굴도 형상도 보이시지 않으면서 우주를 성주괴공으로, 만물을 생로병사로, 지구의 하루를 주야로 윤회시키니 하나님도 지극히 윤회적으로 세상을 다스리는 진리적 존재이기 때문입니다.

 또한 불교의 무위자동성과 기독교의 인격성은 지극히 공정하기 때문에 인과에 있어서도 상통성이 있지요.
 유교의 교리에 의하면, 천지에는 음양상승하는 도가 있지요. 그렇기 때문에 우주는 성주괴공으로, 만물은 생로병사로 순환하는 것이며, 이러한 순환의 이치에 따라, 불교적으로 보면 사생은 심신작용에 따라 육도로 윤회를 하게 되는 것입니다. 이 육도의 윤회는, 남에게 베풀어 주면 현생이 아니면 다음 생에 가서라도 받게 된다는 인과보응의 이치와 통하는 것이며, 이러한 진리는 콩 심으면 콩 나고 팥 심으면 팥 난다는 기독교의 교리와도 통하는 것이지요.[23]

 이러한 원리를 따라 인간생활 속에서 모든 일을 이루어 갈 때 강(强)과 약(弱)이 관계하고 선과 악의 짓는 바에 따라 진급과 강급, 상생과 상극의 과보를 초래하게 됩니다.
 식물들은 땅에 뿌리를 박고 살기 때문에 그 씨나 뿌리가 땅속에 심기면 시절의 인연을 따라 싹이 트고 자라지만, 인간과 동물들은 제각기의 영혼이 있어서 모양도 냄새도 없는 허공에 뿌리를 박고 살기 때문에 마음 한번 가지고 몸 한번 행동하고 말 한마디 한 것이라도 그 업인이 우주의 유일절대적 진리인 공적영지한 성품, 하나님, 법신불에 심겨서 제각기 선을 지으면 복을 받고 악을 지으면 벌을 받게 되는 과보가 나타나는 것이지요.[24]

이처럼 마음 한번 작용하고 몸 한번 행동하고 말 한번 한 것이라도 그 업인(業因)이 헛되지 아니하고 자기에게 돌아오는 것이기에 법신불은 지극히 윤회적이며 공정하게 인과를 나타내는 것이지요.

기독교의 입장에서 보면, 하나님은 하나님 자신의 의지에 따라 만물과 인간을 만들었다고 하지요. 그런데 전지전능하다고 하는 하나님의 의지가 들어서 만물을 만드는데, 왜 이렇게 피조물들에게는 불평등한 탄생이 차별적으로 생기는 것일까요?

적어도 하나님이 만물을 만들고 인간을 만들 때 하나도 같은 것이 없이 만든다는 사실은 하나님의 의지가 제각기 개체마다 다르게 나타난다기보다는 그 이유를 피조물 자체에서 찾는 것이 타당하지 않을까 싶습니다.

즉 하나님은 고정불변의 공정한 원칙의 소유자로서 만물을 만드는데 그 원칙에 따라 제각기 피조물들의 특징대로 그 물건, 그 존재, 그 인간이 꼭 그렇게 나타나도록 한다는 것이지요.[25]

이를 인간에 국한해서 달리 표현하면 세상의 모든 인간은 제각기의 심신작용으로 인한 업인이 자신의 영혼에 깔아 있는데, 이것은 절대적 진리인 하나님에 의해 지극히 공정하게 숨김없이 나타나게 되지요.

다시 말해서, 하나님은 콩을 심으면 콩을 나게 하고 팥을 심으면 팥이 나게 하는 지극히 공정한 존재이기 때문에 인간이 콩을 심어 놓고 팥이 나기를 아무리 간절히 기도해도 절대로 응해 주지 않는다는 것입니다.

불교에서는 인간의 행복과 불행은 그 자신의 심신작용에 따라 이루어진다고 주장하고, 기독교에서는 하나님이 결정한다고 합니다. 그래서 불교에서는 주로 자기수행에 치중하고 기독교에서는 하나님께 고백하며 신앙을 강조하는 것이지요.

하지만 하나님도 결국은 인간이 하지 않은 일에 대해 했다는 결과를 주는 존재가 아니며, 인간이 한 일에 대해서만 그에 합당한 보답을 주는 인과보응하는 보편적인 진리라는 사실에서, 기독교의 하나님과 불교의 법신불이 이름만 다를 뿐 그 내용은 같기 때문에 이들 종교의 교리는 서로 상통성이 있다고 할 수 있습니다.

부연하여 설명하면, 법신불은 인간이 심신작용으로 지은 바에 따라 죄는 죄대로 받고 복은 복대로 보응해 줍니다.

이렇게 법신불은 인간이 죄를 짓고는 아무리 복을 받고자 해도 복을 주지 않는 절대적으로 공정한 존재이므로 인간이 욕심을 부린다고 공정한 법칙을 어기면서 복을 주지는 않기 때문에 죄에 대한 벌과 선행에 대한 복을 줌에 있어서 절대적 공정의 소유자라는 것입니다.

이는 하나님도 똑같은 역할을 하는 존재라는 면에서 기독교와 불교는 교리적으로 서로 상통함을 알 수 있지요.

불교에 의하면, 자신이 스스로 지은 바에 따라 벌과 복을 받게 되므로, 죄를 지으면 벌을 받고 죽으면 지옥으로 가든지 수라보나 아귀보를 받아 귀신으로 지내게 되고, 태어나면 벌레나 축생으로 태어납니다. 이에 반해 진리적 신앙과 사실적 도덕으로 선행을 행하면 복을 받게 되어 죽으면 천상으로 가서 천상락을 누리고, 태어날 때도 맑고 밝고 바른 착한 마음을 가지고 태어납니다.

이렇듯 어떠한 환경에서든지 심락을 누리며 극락생활을 이룰 수 있으므로 결국 자신의 행복과 불행의 조물주는 법신불이 아니라 바로 자신이라는 점이지요.

그럼 기독교는 어떨까요?

기독교에서 죄에 대한 벌과 선행에 따른 복도 하나님의 말씀에 어긋나게 아담과 하와가 하나님이 하지 말라고 한 선악과를 따 먹음으로써 발생된 죄와 벌이라는 점과 그럼에도 불구하고 회개하고 다시 하나님의 말씀대로 진실하고 바르게 살면 구원을 받아 에덴동산의 천국생활을 또다시 시작할 수 있다는 점에서, 기독교 역시 인간의 행복과 불행의 조물주는 하나님이 아니라 자신의 심신작용에 달렸음을 알 수 있습니다.

바로 이 점에서 불교와 기독교는 교리적인 상통성이 있는 것이지요.

이러한 사실을 견주어 볼 때, 결코 지은 복으로 죄를 상쇄시키지 못하고 지은 죄 때문에 지은 복이 없어지지 않는 것이 이들 종교의 가르침이지요.

그러므로 기독교도 죄에 따른 벌과 선행에 따른 복은 하나님에 의해서 주어진다고 하지만 그렇게 되는 원인은 바로 인간 자신의 심신작용으로 원인을 어떻게 제공을 하느냐에 달려 있다는 점에서 결국은 자신의 조물주는 하나님이 아니라 자기 자신임을 알 수 있습니다.

결국 불교와 기독교의 교리는 인과보응적이라는 점과 하나님과 법신불도 서로가 영원불멸하다는 점에서 교리적인 상통성이 있는 것이지요.

2) 무명(無明)과 원죄(原罪)

무명과 원죄는 인간이 진리적으로 불행해질 수밖에 없는 근거를 나타내는 불교와 기독교에서 사용하는 용어인데 이들은 내용적으로 상통성이 있지요.

기독교 원죄사상에 나타난 대체적인 흐름을 보게 되면 하늘나라와 같은 낙원인 에덴동산, 거기에 살았던 아담과 하와는 죄와는 거리가 먼 불교의 하늘나라 사람과 똑같은 진리의 마음인 성품에 바탕한 마음의 소유자로 묘사되고 있습니다.

이는 분명 불교에서 말하는 인간의 성품자리와 조금도 차이가 없지요. 즉 불교에서 원래 인간의 성품은 마음이 일어나기 전에는 선도 없고 악도 없는 공적성성하고 공적영지한 것이라는 사상이나, 선악과를 따 먹기 이전의 아담과 하와의 마음이 하늘나라 사람과 똑같았다는 기독교의 사상은 조금도 차이가 없다는 것입니다.

따라서 이들 종교가 주장하는 행복과 불행의 갈림길이 불교에서는 공적영지의 광명인 성품이 탐진치에 가리면 무명의 중생이 되듯이, 기독교에서도 하나님의 말씀을 어기고 뱀의 유혹에 넘어가 선악과를 따 먹음으로써 죄인이 된다는 것이 모두 인간의 욕심에 그 원인이 있다는 점에서 이들 종교들은 교리적인 면에서 서로 통하는 것이지요.

이러한 사실에 대한 내용은 다음의 글에서 찾아볼 수 있습니다.

**"법신불이라 함은 곧 만법의 근원인 진리불을 이름이요, 보신
불과 화신불은 그 진리에서 화현한 경로를 이름인 바. 화신불
중에는 진리에서 화현한 정화신불이 있고 또는 진리 그대로 받
지 못한 편화신불이 있으니, 정화신불은 모든 부처와 모든 성자
를 이름이요, 편화신불은 곧 중생을 이름인 바, 비록 지금은 중
생이나 불성만은 다 같이 갖아 있으므로 편화신불이라 한다. 그
러므로 우리의 마음이 청정하고 바르게 나타날 때에는 정화신
불이지만 삿되고 어두울 때에는 편화신불이라 하나니라."[26]**

여기서 우리는 기독교 창세기에 나오는 생명나무와 선악과(善惡
果)나무를 생각해 볼 수 있겠습니다.

하나님께서는 에덴의 가운데에 있는 생명나무와 선악과나무 중에
서 생명나무의 열매는 따 먹어도 되나 선악과나무의 열매는 절대로
따 먹지 말라고 하셨지요. 왜냐하면 선악과를 따 먹으면 죽게 되기
때문이랍니다.

즉 우리가 하나님인 성품을 찾아 일이 없을 땐 단전에 기운과 정
신을 주하여 공적성성한 정신기운을 양성하고 일이 있을 땐 공적영
지의 밝은 마음으로 살아가면 몸과 마음이 건강하고 행복하게 살 수

있지만, 그러지 않고 성품의 공적성성하고 공적영지함을 무시하고 육근을 통해 보고 듣고 느껴지는 대로 욕심에 따라 살면 시간이 지날수록 잡념이 치성하고 번뇌와 망상에 사로잡히게 되지요.

그리하여 기운은 수승하강이 되지 않아 몸에는 각종 질병이 생기고 마음에도 인간성 상실로 인한 정서불안, 분노조절장애, 신경쇠약이나 불면증 스트레스 등등의 여러 가지 증세들로 고통스러운 죽음으로 치닫는 삶이 되기 때문이지요.

기독교의 창세기를 보면, 에덴동산의 가운데에는 먹어도 되는 열매가 나는 생명나무와 먹으면 안 되는 열매가 나는 선악과나무가 있었지요.

그런데 어느 날 갑자기 뱀이 나타나서 아내인 하와에게 말하기를, 하나님이 따 먹지 말라고 한 선악과를 따 먹으면 하나님처럼 선악을 아는 능력을 갖게 되니 하나님의 말씀에 복종할 필요가 없이 마음대로 살 수 있다고 유혹을 했지요. 그리하여 하와가 아담에게 그 말을 전했고, 그들은 선악을 알고자 하는 욕망에서 하나님의 말씀을 어기고 선악과를 따 먹게 되었습니다.

그러나 뱀이 말한 것은, 하나님의 지혜로운 마음으로 선악을 바르게 판단하고 실행하며 자유롭게 살던 것과는 다른, 선악에 집착하는 삶뿐이었지요. 결국 그들은 선악을 초월한 하나님의 자유와 평화의 정신적 에덴의 천국생활을 잃어버린 채 욕망의 집착에 따른 선악의 노예가 되어 자유와 평화를 상실하고 뱀이 상징하는 바처럼 거스르고 비뚤어지고 그늘진 마음으로 한없는 고통의 삶을 살게 되고 맙니다.

성경의 '에덴동산의 가운데에 있는 선악을 알게 하는 열매인 선악과나무의 열매를 따 먹지 말라'는 의미는 본성을 떠난 욕심에 집착한 무명의 마음과 생각을 일으키지 말라는 불경과 상통합니다.

이는 우리의 영혼이 정신과 기운을 공적성성하고 공적영지한 성품이 있는 단전에서 보고 듣고 말하고 호흡하고 감각하고 생각하고 행동함으로써 심신이 모두 행복하고 건강하게 살 수 있듯이, 우리 자신을 원죄로 인한 벌로 불행하게 만드는 탐진치와 같은 선악과를 따 먹지 말고 하나님의 말씀인 생명나무열매를 먹고 즉 본성에 바탕한 마음과 생각으로 행복하게 살라는 뜻이지요.

에덴의 한가운데 → 우주의 중심인 단전(丹田)

에덴동산 → 단전주를 통한 정신과 기운일 때의 심신상태

생명나무열매 → 무소부재하고 전지전능하신 하나님의 말씀,
즉 공적성성하고 공적영지한 성품에 따른 마음과 생각

선악을 알게 하는 나무의 열매 선악과(善惡果) → 탐진치(貪瞋痴)

뱀이 상징하는 의미 → 거스르고 가리고 비뚤어진 생각

선악과를 따 먹지 말라 → 욕심에 집착한 무명(無明)의 생각을 일으키지 말라

무명은 원죄를 낳고 원죄는 선악과인 탐진치를 취했기 때문이지요.

3) 신앙(信仰)과 수행(修行)

종교에서 인간을 구원하고자 가장 중요시하는 것이라면 신앙과 수행이라 할 수 있습니다. 기도를 신앙적 행위라 본다면, 선(禪)은 수행적 행위라 볼 수 있으며, 이들은 궁극적으로 인간성 회복을 통한 인류 구원에 크나큰 상통성이 있지요.

신앙과 수행은 동전의 양면과 같습니다. 왜냐하면 신앙은 영적으로 믿는 것을 의미하고 수행은 육신적으로 행동하는 것을 의미하는데, 기도 속에는 절대존재진리에 대한 믿음과 함께 기도하는 행위가 있으며 이 기도하는 행위가 수행의 범주에 속하는 것이기 때문입니다. 선을 할 때에도 수행하는 선의 행위 속에는 근본적으로 절대존재진리에 대한 확고한 믿음이 있는데, 이 믿음은 신앙적 범주에 속하는 것이지요.

이처럼 신앙 속에 기도하는 수행이 있고 수행하는 선(禪) 속에 신앙하는 믿음이 있으므로 신앙과 수행은 결코 분리될 수 없는 불가분의 관계에 있으며, 신앙이 절대존재진리에 대한 확고한 믿음이 바탕한 영(靈)적인 면이라면, 수행은 그 믿음을 실행하는 기(氣)적인 면이라 이해할 수 있지요.

신비한 기도의 침묵은 슬기와 지혜로 가득 차 있는 공(空)이며, 잡념과 망상이 비워져 나갈 때 영혼은 사랑으로부터 오는 지혜로 가득해지지요.

명상적 사랑의 고요한 기도는 지극히 수동적이고 정적(靜的)이나, 실제로는 정신적 삶에 강한 충격을 안겨다 주는 놀랄 만한 집중된 노력의 결과입니다.

고요한 기도와 명상은 신비롭게도 인간의 영혼을 의식의 깊은 곳으로 인도하며, 그것은 의식의 지평을 확대하여 공적에 입정한 무의식에 통합시키는 작용을 일으키지요.

신앙과 수행자의 입장에서 보면, 불안과 시련 그리고 전도된 감각의 무명의 상태는 진정한 신비 체험을 야기하는 요인이 되며, 그 체험과 경험은 바로 지금 여기 일상의 모습 속에서 시작되고 있는 것이지요.

감각이 정화되면 그 영혼은 혹독한 감옥생활에서 해방된 자와 같이 자유로워지며, 무아경은 어떤 특출한 현상이 아니라 인간의 모든 기능을 통합하는 강력한 정신집중의 결과입니다.

그렇게 깊고 강력하게 하나의 근본에 모든 기능을 집중시킴으로써 냉담할 정도로 외부 반응에 초탈하게 될 수 있는 것이며, 그 무아경 속에서 자신이 완전히 신성과 합일하고 그 합일 속에서 다시 일상생활로 돌아와 중생을 구제하는 자비와 사랑의 활동이 펼쳐지는 것이지요.

기독교에서도 위대한 깨달음은 나타납니다.

먼저 주관과 대상을 초월한 완전한 합일의 경험에 대한 인식이 없지 않다는 사실입니다.

그곳에는 자아는 완전히 사라지고 오직 신만이 존재하지요. 그렇게 되기 위해서는 자신을 완전히 잊을 때까지 끊임없이 하나님께 몰입해야 합니다.

둘째, 불교의 선(禪)이 대상(對象)이 없는 명상(冥想)이라면, 기독교에도 주체 없는 명상이 있지요. 하나님의 속성인 사랑과의 합일은 불교의 무아(無我)와 상통합니다.

기독교의 아가페적 사랑은 나 자신을 끝 간 데 없이 비우는 무아를 통해 나타나지요. 즉 신의 사랑은 자기를 비우는 행위인 것입니다. 다만 기독교에서는 궁극적 실재인 하나님을 인격적으로 보았고, 불교에서는 공적성성과 공적영지의 광명인 성품으로 보았을 뿐 그 실제 내용은 같은 것이지요.

즉 자기를 잊어버려 오직 하나님만이 존재하는 상태를 불교식으로 해석해 보면, 자기를 잊는다는 것은 무아와 통하며, 오직 하나님만 존재한다는 것은 내가 무아가 되어 대상만이 존재하는 상태, 자연과 합일된 상태, 공적성성하고 공적영지한 성품의 상태와 다를 바 없지요.

전일(全一)한 기도(祈禱)가 정점(頂点)에 다다르고 무아의 선(禪)이 될 때 거기에는 공적성성한 일치적 통합성과 공적영지한 분별적 다양성이 동시에 나타나지요.

불교에서는 이것을 통합성과 다양성을 초월한 성품에 합일된 자성삼학의 경지라 하고, 기독교에서는 본래 하나이던 것이 셋으로 분리되어 나타나는 성스러운 삼위일체의 신비스러운 반영이라 합니다.[27]

신앙적으로 기독교의 기도가 대상인 하나님을 찾게 되고 그 대상인 하나님의 위력을 얻는 영적인 계시를 받는 것이라면, 수행적으로 불교의 선(禪)은 기적(氣的)인 수련을 통해 공적성성하고 공적영지한 영적(靈的)인 성품을 깨닫고 그 성품으로써 우주의 진공묘유의 조화를 깨닫는 것이지요.

기도라는 신앙적 행위와 선이라는 수행적 행위가 계시와 깨달음이라는 차이는 있지만, 사실은 나의 능력이기보다는 궁극적 진리성이

나에게 나타난 것이라는 점에서 이들은 하나라 볼 수 있습니다.

또한 신앙과 수행이라는 서로 다른 행위는 같은 절대적이고 궁극적인 하나의 목적지에 도달하기 위한 다양성이며 따라서 이렇게 도달한 정점의 경지는 하나이며, 이 하나는 생활 속에서 기독교의 아가페적 사랑과 불교의 무아봉공의 자비실행으로 나타나기에 이들은 교리적으로 상통성이 있는 것이지요.

4) 종말, 심판 그리고 구원과 미래

"후세에 악한 중생들은 선근이 점점 적어지고 뛰어난 체하는 마음이 많아지며, 재물의 공양만을 탐(貪)하여 불선근만 점점 늘어 해탈을 구하지 아니함에 교화하기 어렵게 된다." (불교, 법화경 13)

"이것을 알아 두시오. 마지막 날에 어려운 때가 옵니다. 그때의 사람들은 자기를 사랑하고 돈을 사랑하고 자랑하고 자만하고 하나님을 모독하고 부모에게 순종하지 않고 감사하는 마음이 없고 경건하지 않고 무정하고 원한을 풀지 않고 교만하고 하나님보다 쾌락을 더 사랑하고 경건의 모양은 가지고 있으나 경건의 능력은 부인할 것입니다." (기독교, 디모데후서 3.1~5)

"사회는 황폐와 참화를 가져오는 파괴적인 전쟁으로 인해 유린될 것이다. 처음에는 정복자들이 그들의 승리와 노획한 전리품에 기쁨을 만끽할 것이나 그 모든 것은 매우 슬픈 결과를 가져다줄 뿐이다." (이슬람, 나흐줄 발라가, 설교 141)

"메시아의 전령이 올 때 일어날 일은 다음과 같다. 억측이 난무하고 결핍현상은 극도에 달하고 포도송이는 영글지 않았는데도 포도주는 비싸게 거래되고 국가는 방종과 타락으로 전락하는데도 꾸짖는 자가 없을 것이다.

학원은 우상숭배의 장소가 되고 율법학자들의 지혜는 활기를 잃고 죄를 안 짓는 자는 오히려 경멸을 당할 것이며 아이들이 어른을 욕되게 하고 어른들은 아이들 앞에서 화를 내며 일어설 것이다. 그 세대의 얼굴은 개처럼 뻔뻔할 것이며 자녀들은 부모의 꾸중을 안중에도 안 둘 것이다. 우리는 누구에게 기댈 것인가? 하나님 외에 누가 있겠는가?" (유대교, 미쉬나, 소타 9.15)

"누가 어떤 방법을 쓰든지 간에 여러분은 그들에게 속지 마시오. 먼저 배고(背告)하는 일이 있겠고 불법자 즉 멸망의 자식이 나타날 것입니다. 그는 신이라고 불리는 것이나 예배의 대상이 되는 모든 것에 반항하고 그 위에다가 자기를 올려놓고 하나님의 성전 안에서 자기를 하나님이라고 주장할 것입니다.

그 불법자가 오는 것은 사탄의 역사이며 그는 온갖 불의한 속임수로 멸망받을 자들을 속일 것입니다. 그것은 멸망 받을 자들이 자기들을 구원할 진리를 받아들이지 않고 사랑하지 않기 때문입니다.

그러므로 하나님께서는 그 거짓을 믿게 하시려고 미혹하게 하는 힘을 그들에게 보내셨습니다. 결국 진리를 믿지 않고 불의를 기뻐하는 자들은 모두 다 심판을 받게 될 것입니다." (기독교, 데살로니가후서 2.3~12)

"하나님은 낡은 문명을 청산하고 새로운 문명의 수립을 소망한다. 바로 그 청산의 때가 왔다. 오늘까지 악의 세력이 문명 속에서 위세를 떨쳐 왔으나 낡은 문명에서 새로운 문명으로 전환함에 따라 이것들도 다 함께 사라지리라. 모든 사람들은 이 냉혹한 정화의 과정을 통과해야 할 것이다.

세계는 수천 년 쌓여 온 수없는 죄의 대가로 엄청난 괴로움을 겪을 것이다. 괴로움을 겪으면 겪을수록 사회와 국가는 정화될 것이며 인류는 선(善)이 지배하는 새로운 단계로 진급될 것이다. 변화는 우리에게 현재 일어나고 있고 지상낙원이 시작되기 직전의 최후의 단계를 맞고 있다. 대변동에 의해 모든 삶의 영역 모든 문명도 변할 것이다.

신을 믿고 회개하는 자는 새 시대의 도래를 목격할 것이며 그들은 구원의 길을 출발할 수가 있을 것이다. 그러나 무거운 죄에 허덕이고 있는 자들은 사악한 길을 벗어날 수가 없을 것이며 극도의 비참함 속에서 현세의 삶을 끝맺고 내세엔 어떠한 구원도 얻지 못할 것이다." (세계구세교, 정령)

"근래의 인심을 보면 공부 없이 도통을 꿈꾸는 무리와 노력 없이 성공을 바라는 무리와 준비 없이 때만 기다리는 무리와 사술(邪術)로 대도(大道)를 조롱하는 무리와 모략으로 정의를 비방하는 무리들이 세상에 가득하여 자기가 무슨 큰 능력이나 있는 듯이 떠들고 다니나니 이것이 이른바 낮도깨비니라.

그러나 시대가 더욱 밝아짐에 따라 이러한 무리는 발붙일 곳을 얻지 못하고 오직 인도(人道) 정의(正義)의 법(法)만이 세상에 서게 될 것이니 이러한 세상을 일러 대명천지(大明天地)라 하나니라." (원불교 대종경 전망품 9장)

5) 성품과 하나님

아담과 하와가 하나님의 말씀대로 선악과를 따 먹지 않았을 때는 에덴동산의 행복한 삶이었다는 기독교의 주장과, 인간이 성품대로 살아야 불국정토의 극락의 삶을 누릴 수 있다는 불교의 주장은 서로 의미가 상통하는 것이지요.

기독교에서의 "너희가 하나님의 말을 듣지 말고 선악과를 따 먹으면 너희도 하나님처럼 선악을 구분할 능력을 갖출 수 있다."는 뱀의 유혹은, 실제로 뱀이 사람에게 그렇게 말을 한 것이 아닙니다.

뱀이 모양이 굽고, 위로 거슬러 오르는 것을 아래로 내려가는 것보다 잘하고, 햇빛이 드는 밝은 곳보다 햇빛이 가려진 그늘이나 땅굴 속에서 사는 뱀의 특성을 불교에서의 중생의 마음이 공적성성하고 공적영지한 성품에 거슬러 발하고, 굽게 발하고, 성품에 의한 밝은 생각이 아닌 이기주의적인 욕심에 가린 무명의 어두운 생각 등에 비유되기에, 뱀은 상징적인 존재라고 볼 수 있습니다.

결국 불교가 성품을 떠난 삶이 중생의 불행한 삶이듯이 기독교도 하나님의 말씀을 저버린 삶은 그와 같은 비극적인 죄인의 삶이기에 이들 종교는 교리적으로 상통함을 알 수 있지요.

기독교에서의 하나님은 전지전능하시어 모르는 것이 없으시고 못하는 것이 없으시며 또한 무소부재하시어 영원하고 무한한 우주에 존재하지 않는 곳이 없으신 유일절대의 존재인데, 이러한 존재를 불교에서는 법신불 즉 성품이라고 합니다.

법신불이란 무한한 우주를 영원토록 성주괴공으로 변화시키고, 만물은 생로병사로, 사생은 제각기의 심신작용에 따라 천상·인도 · 수라 · 아귀 · 지옥 · 축생이라는 육도로 윤회시키는 무한한 능력을 갖춘 우주의 유일절대의 진리이지요.

기독교의 하나님은 전지전능(全知全能)하고 무소부재(無所不在)한 존재인데, 이를 불교적으로 설명하면 '전지'는 영적(靈的)으로 성품의 공적영지(空寂靈知)함을 의미하고, '전능'은 기적(氣的)으로 진공묘유(眞空妙有)함을 의미하는 것이며, '무소부재'란 존재하지 아니하는 곳이 없다는 말이므로 이는 우리의 심신에도 있다는 의미로서 하나님은 우리의 몸과 마음에도 있다는 뜻이지요.

즉 우리의 영혼이 공적성성하면서 공적영지한 성품에 뿌리하고 있고, 우주의 진공묘유의 기에 뿌리를 하고 있는 몸에 의지하고 살아가고, 전지전능하고 무소부재한 하나님이기에 우리의 몸과 마음에도 언제나 존재하고 있다는 의미입니다.

따라서 우리가 성품을 깨달았든 못 깨달았든 언제나 성품이 바탕되어 존재하듯이 하나님도 언제나 나 자신의 삶에 항상 함께 존재하고 있는 것이지요. 다만 그러한 사실을 모르는 것은 탐진치라는 욕망에 사로잡혀 무명에 가려 있으므로 깨닫지 못한 때문이지요.

기독교의 '나 이외에 다른 신(神)을 섬기지 말라'는 말은 불교에서의 우주의 궁극적 진리인 법신불인 성품에 바탕한 마음공부로 심신작용을 하라는 것을 의미합니다.

'나 이외에 다른 신(神)을 섬기지 말라'에서 '나'라는 의미는 우주의 무소부재하시고 전지전능하신 절대적인 하나님을 뜻하는 말로, 불교에서의 천상천하에 유아독존하는 법신불 즉 인간의 성품과도 같은 의미이지요.

여기서 성품이란 나의 영혼이 뿌리를 박고 있는 불생불멸하는 가운데 인과보응을 나투는 하나님을 의미하기 때문이지요.

기독교 요한복음 14장 16절을 보면 예수님께서 말씀하시기를 "나는 길이요 진리요 생명이니 나를 말미암지 않고는 여호와하나님께로 올 자가 없다."고 기록되어 있습니다.

이 말은 여호와하나님을 진정으로 믿으면 누구나 구원을 받아 예수님처럼 하나님의 자녀가 되어 영원한 천국의 삶을 살 수가 있다는 의미이지요.

여기서 중요한 대목은 여호와하나님에 대한 '믿음'입니다. 이 믿음이란 무소부재하시면서 영원불멸하고 전지전능하여 진리적이고 사실적인 기준으로 지은 대로 받는 인과보응을 확고하게 믿는 것인데, 이 믿음이 맹신이나 광신이나 미신이 되지 않기 위해서는 깨달음이 동반되는 믿음이 되어야 하는 것이지요.

그래서 불교에서는 깨달음을 중시하는데, 깨달아야 진정한 믿음이 생기는 것이지만 이러한 진리를 깨닫기 전에는 진리를 깨달은 부처님들의 말씀에 따른 수행을 통하여 우리들 성품의 공적성성한 자성정과 공적영지한 자성혜를 깨닫는 것이지요.

이러한 진리를 깨달아서 자성의 정과 혜를 세울 수 있으면 부처님처럼 진리의 자녀인 정화신불이 되는 것이며, 이 정화신불을 기독교적으로 표현하면 그리스도 예수와 같은 하나님의 자녀인 것이지요.

그러므로 어느 누구나 절대적인 하나님인 우주만유의 본원이요 공적성성하고 공적영지한 성품을 깨달으면 누구나 하나님의 진정한 자녀가 될 수 있는 것입니다.

따라서 비록 종교의 이름은 달라도 모든 인류는 인종과 민족이 다르고 성씨가 다를지라도 하나의 궁극적인 존재진리에 바탕한 한 가족이요 한 형제인 것이지요.

이러한 이치를 모르면 똑같은 하나의 존재진리에게 자신들의 평화를 기도하면서도 종교로 인한 갈등과 전쟁은 결코 사라지지 않게 되겠지요.

우리가 서로 다른 종교에서 성품과 하나님이라는 이름으로 부르며 수행과 신앙을 하지마는 실제로는 그 대상인 궁극적 진리가 하나라는 사실을 알아서 한마음으로 화합과 협력을 이룰 때 비로소 인류는 지구에서 평화로운 낙원생활을 할 수 있을 것입니다.

이러한 점을 이해할 수 있다면, 기독교의 하나님과 불교의 법신불인 성품은 제각기 종교에서 사용하는 이름만 다를 뿐 그 다른 이름 속에 들어 있는 속성은 서로 같으므로 결국 성품과 하나님은 종교는 다르지만 교리적 상통성이 있음을 알 수 있습니다.

6) 단전주선 5단계, 팔정도, 믿음·소망·사랑

다음은 불교의 핵심적 교리인 팔정도와 기독교의 핵심인 믿음 · 소망 · 사랑에 대한 종교 사이의 교리적 상통성을 단전주선의 5단계로 설명한 내용입니다.

종교는 신앙과 수행을 통해 절대적이고 궁극적인 진리를 체험하고 그 체험에 바탕하여 생활 속에서 몸과 마음으로 실천함으로써 은혜롭고 행복한 삶이 되도록 하는 데 그 가치가 있습니다.

흔히 수행이 중심이 된 종교라는 불교와 신앙이 중심이 된 기독교의 성향적 차이는 앞에서 살펴보았듯이 본질적으로는 하나의 진리에 바탕하고 있기 때문에 불교와 기독교는 교리적으로 서로 통하는 것이지요. 이는 마치 하나의 지구에 다양한 인종과 민족과 국가와 문화가 공존하고 있는 것과 같은 이치입니다.

흔히 우리는 불교를 수행적인 종교라고 하고, 기독교를 신앙적인 종교라고 구분하는데 그 근거가 무엇일까요?

그 이유는 불교는 우주의 근원적인 기(氣)에 바탕하여 우리의 성품인 절대적인 법신불을 체험하고 진공묘유의 조화를 깨닫는 종교라면, 기독교는 우주의 근원적인 영(靈)에 바탕하여 우리의 성품인 절대적인 하나님을 체험하는 종교이기 때문에 불교의 법신불과 기독교의 하나님은 영과 기의 합일인 성품이라는 절대적이고 궁극적인 진리와 같은 의미이므로 두 종교는 교리적으로 서로 통하는 것이지요.

다시 말해서 불교는 일이 없는 때에는 입정하여 안으로 우주의 근원적인 기(氣)인 진공(眞空)의 텅 비어 고요한 공적에 영적으로 분별성과 주착심이 없이 진공에 사무친 성성함이 있는 공적성성한 성품을 체험하고, 일이 있는 때에는 출정하여 밖으로 육경(六境)에서 일어나는 육식(六識)을 공적영지한 성품의 분별식이 되도록 하는 즉 선(禪)을 기초로 하여 생활 속에서 일과 이치를 연구하고 작업을 취사하여 지혜와 복락은 장만하고 죄와 벌은 멀리하는 마음공부를 실천하는 수행이 중심이 된 종교입니다.

그런가 하면 기독교는 우리들 각자의 이기주의적인 욕심에서 일어난 생각을 버리고 콩 심은 데 콩 나고 팥 심은 데 팥 나는 인과보응의 진리에 바탕하여 만물을 창조하시고 소멸시키는 우주의 절대적인 영(靈)인 하나님에 바탕한 소망의 마음과 생각으로 기도하며 사랑을 실천하는 신앙이 중심이 된 종교이지요. 이 같은 점에서 두 종교의 교리는 영원불멸한 근본 성품과 인과보응의 진리에 바탕하기 때문에 상통성이 있다는 것입니다.

우주는 영(靈)에 기(氣)가 갊아 있고 기에 영이 갊아 있어서 물질적 근원으로서 기와 마음의 근본으로서 영이 서로 합하여 하나의 절대적이고 궁극적인 진리가 됨으로써 우주는 성주괴공으로, 만물은 생로병사로, 태난습화로 생겨나는 생명체인 사생(四生)은 제각기의 심신작용을 따라 천상(천국)·인도·수라·아귀·지옥·축생이라는 여섯 가지 길에서 지은 바대로 윤회하게 되는 것이지요.

교리적으로 기독교는 인간 영혼의 존재 방식을 천국과 지옥만을 예로 든 데 비해 불교는 육도(六途)를 모두 밝혀 놓았다는 점인데, 기독교가 천국과 지옥이라는 두 가지만을 강조한 점은 인간을 중심으로 한 교리라는 점과 인간의 가치를 선과 악으로 구분하여 그 대표적인 것으로서 선행(善行)을 하면 천국으로 가고 악행(惡行)을 하면 지옥으로 간다는 것을 강조하다 보니 천국과 지옥이란 용어가 대표되어 사용되었음을 이해할 수 있겠지요.

왜냐하면 기독교 경전에서도 불교의 육도중생인 수라, 아귀와 같은 귀신에 관한 내용이 많이 기록되어 있기 때문이지요.

불교 교리에서 부처가 되기 위한 수행의 방법으로 정정·정명·정견·정사·정사유·정어·정업·정정진이라는 팔정도가 있다면, 기독교 교리에서는 성자가 되기 위한 신앙의 방법으로서 믿음·소망·사랑이 있는데, 이러한 수행적인 불교와 신앙적인 기독교의 교리적 차이가 단전주선의 5단계를 통하여 서로 하나로 통함을 알 수 있습니다.

먼저 단전주선의 1단계는 공적성성한 무념의 자성정이지요, 이는 불교의 팔정도 중에 정정(正定)이 해당됩니다. 정정이란 제각기의 영혼이 단전에 정(定)하여 공적성성한 본성 상태에 있는 것을 의미하는데, 공적성성이란 기적(氣的)으로 진공의 고요함 속에 영적(靈的)으로는 분별하는 마음과 그에 따른 생각이 일어나지 않는 정신 상태를 의미하지요.

기독교에서는 믿음 · 소망 · 사랑 중에 믿음의 단계가 이 단계에 해당한다고 할 수 있는데, 이때의 믿음은 분별의식에 따른 상대적인 차원의 믿음이 아니라 무소부재하고 전지전능한 하나님의 천지창조 이전의 공적성성함을 의심 없이 절대적으로 믿기에 무념의 믿음이라 할 수 있습니다.

단전주선의 2단계인 무상의 자성혜는 불교에서는 정명(正命) · 정견(正見) · 정념(正念)이 해당됩니다.

정명이란 우리의 영혼이 본성의 입정 상태에서 육근(六根)을 통해 육진(六塵)에 출정(出定)하여 외부세계를 접하여 단전의 진공의 기(氣)가 육근과 통하는 상태를 의미하고, 정견이란 육근을 통해 자신의 영혼이 육진(六塵)을 보는 상태를 의미하며, 정념이란 정정 · 정명 · 정견을 통해 육진(六塵)을 분별하는 인식상태를 의미하지요.

이 무상의 자성혜에 대해 기독교에서는 믿음 중에서도 무상의 믿음이라고 할 수 있고, 이는 안으로 1단계인 공적성성한 무념의 절대적 믿음 상태에서 밖으로 육경(六境)을 반조할 때 상대적으로 나타나는 외경(外境)에 대한 하나님의 전지(全知)한 상태로서 이를 불교적으로 성품의 공적영지한 상태라 하는 것이지요.

이 무상의 믿음은 인간의 의지에 따라 보고 생각하여 아는 것이 아니라 불교의 정명·정견·정념처럼 성품의 공적영지의 광명적 차원의 인식상태로써 영적으로 무소부재하고 전지전능하신 하나님에 대한 완전히 절대적 믿음입니다. 이러한 믿음은 전지(全知)한 하나님 즉 성품의 공적영지한 분별성인데, 이때의 분별성이란 인간의 의지로 인한 분별이 아니라 영원한 가운데 지은 대로 받게 하는 하나님의 전지전능한 진리적인 분별성을 의미하지요.

단전주선의 3단계인 무상의 사리연구는 불교에서는 정사유(正思惟), 기독교에서는 소망이라 할 수 있으며 이 단계는 자신의 영혼이 스스로의 의지에 따라 생각을 하는 단계이지요.

이 단계는 본성에 바탕하여 육경에서 육식이 일어날 때 자신의 의지로써 앞의 단계인 정정·정명·정견·정념에 바탕하여 천조의 대소유무와 인간의 시비이해를 깊이 있고 세밀하게 생각하고 올바르게 판단하는 단계입니다. 만약 세상에 태어난 인간이 공적성성한 무념의 자성정과 공적영지한 무상의 자성혜를 깨닫지 못하면 자연적으로 탐진치(貪瞋痴)에 의해 무명의 중생이 되고, 원죄의 죄인이 되어 불행과 비극의 삶을 살 수밖에 없는 것이지요.

즉 성품을 깨달으면 지혜가 생겨서 온전한 생각으로 취사를 하여 행복한 삶을 살 수 있지만, 성품을 깨닫지 못하면 무명과 원죄에 가려 착각과 잡념 망상으로 생각하고 행동하기 때문에 결국 실수를 하고 죄를 지어 그 과보로 인해 고통과 절망을 맞게 되는 것이지요.

단전주선의 4단계인 무상의 작업취사는 불교의 정어(正語) · 정업(正業), 기독교의 사랑이라 할 수 있습니다.

불교의 바른말을 하는 정어와 바른 생활하는 정업은 기독교의 아가페적인 사랑의 실천을 의미하는 것이기 때문에 이 4단계의 사랑을 '무상의 사랑'이라고도 하지요.

단전주선의 5단계인 무주의 자성계, 즉 무주의 작업취사는 1단계인 무념의 자성정, 2단계인 무상의 자성혜, 3단계인 무상의 사리연구, 4단계인 무상의 작업취사를 상황에 맞게 효율적으로 선택하여 실행하는 것을 의미합니다.

이는 불교에서의 정정 · 정명 · 정견 · 정념 · 정사유 · 정어 · 정업을 상황에 맞게 올바르게 실행하는 정정진(正精進)의 의미이며, 이 5단계를 기독교에서는 무주의 사랑이라고 할 수 있습니다. 왜냐하면 5단계의 사랑은 믿음 · 소망 · 사랑 모두를 수용하여 언제 어디서나 상황에 맞게 이들을 선택적으로 실행하여 자신의 삶을 언제 어디서나 천국 생활이 되도록 하는 사랑이기 때문이지요.

지금까지 살펴본 단전주선의 5단계와 불교의 8정도 및 기독교의 믿음·소망·사랑은 교리적으로 서로 통한다는 사실을 알 수가 있습니다.

세계에는 많은 종류의 종교들이 서로 다른 지역과 문화에서 발생하여 제각기의 독특한 종교적 특성을 가지고 이어져 오면서 인류의 삶에 지대한 영향을 주고 있지요.

사이비종교가 아닌 이상은 결국 모든 종교들은 불생불멸하고 인과보응이라는 진리가 근본적 교리라는 사실과 모든 인류는 이러한 하나의 공통된 진리에 의해 태어나서 살아가는 한 가족이라는 사실을 알고 이해하는 것이 중요하다 하겠습니다.

종교로 인한 인류의 불행과 비극을 끝내고 은혜로운 화합과 협력으로 새로운 시대에 맞는 종교 문화를 창출함은 대단히 중요한 일이며, 이를 위해서는 먼저 종교 사이의 교리적 상통성을 이해하는 것은 가장 필수적인 일이라 해도 과언이 아닐 것입니다.

2

교화단(敎化團)
활성화 방안

1) 교화단

(1) 조직

원불교를 창시하신 소태산 대종사님께서 시방세계(十方世界) 모든 사람을 교화할 10인 1단의 단(團) 조직을 제정하시고 말씀하시기를 이 단 조직은 시방세계를 응하여 조직된 것이니, 단장은 하늘을 응하고 중앙은 땅을 응하였으며, 8인 단원은 8방향을 응한 것이라, 펴서 말하면 이 단이 곧 시방을 대표하고 거두어 말하면 시방을 곧 한 단에 합한 이치라 하셨습니다. [28]

(2) 이념

교화단이 가야 할 길은 교도 생활의 핵심인 정기훈련 11과목과 상시훈련 12조목의 실행에 있으므로 '정기훈련법과 상시훈련법의 실행'이 이념입니다.

(3) 실천 방안

가. 단(團) 조직(組織)

대종사님께서 일찍기 공부인의 조단(組團) 방법을 강구하시어, 장차 시방세계 모든 사람을 통치 교화할 법을 제정하시니, 그 요지는, 오직 한 스승의 가르침으로 원근 각처의 모든 사람을 고루 훈련하는 빠른 방법이었습니다.

그 대략을 말하자면, 건(乾) 감(坎) 간(艮) 진(震) 손(巽) 이(離) 곤(坤) 태(兌) 중앙(中央 : 땅)을 응한 9인과 하늘을 응한 단장 1인을 더하여 한 단(團)으로 조직하고, 단장은 9인의 공부와 훈련을 지도 육성케 하며, 이렇게 공부하고 훈련받은 9명의 단원은 제각기 새롭게 9명으로 조직된 단들의 단장이 되는데, 이는 윗단의 단원인 동시에 아랫단의 단장이 됨으로써 상통하달(上通下達)로 교화단 조직이 유지 발전하도록 하는 임무 수행의 역할을 하는 것이지요.

그런 식으로 단장의 지도를 받은 단원들은 앞에서처럼 또다시 새로운 신입 단원들의 단장이 되어 단원들의 공부와 훈련을 지도 육성케 하죠.

이런 식으로 계속해서 단(團) 조직을 확산해 가는데, 이렇게 단계별로 조직되는 단들의 명칭을 이십팔수(二十八宿 : 각(角) 항(亢) 저(氐) 방(方) 심(心) 미(尾) 기(箕) 두(斗) 우(牛) 여(女) 허(虛) 위(危) 실(室) 벽(壁) 규(奎) 루(婁) 위(胃) 앙(昂) 필(畢) 자(觜) 삼(參) 정(井) 귀(鬼) 류(柳) 성(星) 장(張) 익(翼) 진(珍)의 순서를 응용하면 몇억만의 많은 수라도 지도할 수 있으나 그 공력은 항상 9인에게만 들이면 되는 간이한 조직입니다.

교단 최고의 단(團)인 수위단을 각단(角團)이라 칭하고 각단의 9인의 단원이 그 아래 구성된 항단들의 단장이 되면 이를 항단장이라 칭하여 1항 단장(1항장), 2항 단장(2항장)~~ 순으로 나아가 9항장까지 있게 되고, 그런 식으로 그 아래 9저장(九氐長), 9방장(九方

長)~~ 순으로 계속 아래로 조직해가는 것이죠.

즉, 단 조직의 최초의 단(團)인 수위단(首位團)을 각단(角團)이라 하고 각단의 단장인 종법사의 지도를 받는 각단의 단원 9명은 그 아래 단인 아홉 개의 항단(亢團) 단원 81명의 단장이 되고, 항단 단원 81명은 또다시 그 아래 아홉 개의 단인 저단(氐團) 729명의 단장이 되니, 이렇게 단(團)이 확산되어 가면 일곱 번째 기단(箕團)의 단원 수는 478만 2,969명이 되므로 이렇게 이십팔수의 순서대로 진행해 가면 그 수는 엄청나게 불어나겠지요.

그런데 교당에 교도의 수가 많아져서 여러 개의 단이 형성된 상황에서 그 단들에 속한 단원들이 교당 운영에 불만이 있거나, 여러 가지 사정에 따라 기존의 단에서 나와서 새로운 단을 만들게 되는 경우가 생긴다면 이럴 때는 그중에서 한 명이 단장이 되든지 아니면 외부에서 들어온 새로운 교도를 단장으로 하여 기존에 있던 단 중 어느 하나의 단의 하위 단으로 편성할 수 있겠지요.

또한 단의 종류도, 맨 위에 재가, 출가를 막론하고 지자(智者)를 본위로 선출한 수위단이 있고, 그 아래 모든 사람의 처지와 발원과 실행 정도에 따라 전무출신단, 거진출진단, 보통단으로 구분하여 조직할 수 있는데, 출가 교도로 조직된 전무출신단과 재가 교도로 조직된 거진출진단은 법위가 예비 항마위 이상 되는 교도로 이루어진 단을 말하고, 보통단은 법위가 예비 보통급에서 정식 법마상전급까지로 조직된 출가단과 재가단을 뜻합니다. [29]

나. 수위단원(首位團圓) 선출(選出)

수위단은 교단의 가장 중추적인 우두머리 단으로서, 종법사를 포함한 수위단원들은 재가, 출가를 막론하고 원불교 교리에 대한 전문적인 지식과 정기 훈련과목과 상시 훈련과목을 자력으로 실천하고 또한 모든 교도들을 지도할만한 충분한 실력을 갖춘 교도를 선출해야 합니다.

왜냐하면 수위단이 도력(道力)과 법력(法力)이 바탕된 지력(智力)이 부족하면 교단 발전에 그만큼 큰 손해를 끼칠 수 있기 때문이지요.

그러기 때문에 교단은 항상 공부와 훈련으로 지자(智者)를 계속해서 많이 양성해야 하고 지자본위(智者本位)로 교단을 통치해야 하는 것입니다.

만약 교단을 통치하는 우두머리단의 단원인 종법사나 수위단원들을 지자(智者)를 우선시하지 않고 원근친소(遠近親疏)에 끌려서 우자(愚者)를 뽑는다면 그것은 교단을 망하게 하는 최고의 지름길임을 결코 잊어서는 안 되는 것입니다.

다. 사무처

수위단의 공정하고 효율적인 업무 수행을 돕기 위해 수위단 사무처를 둡니다.

라. 단장 자격

교당이나 기관의 단장도 그에 준하는 실력을 갖춘 분을 단장으로 선출해야 하고, 그럴만한 인물이 없으면 전체가 특별히 공부하고 훈련하여 실력을 쌓아야 하는데 이러한 자격 취득의 조건은 정기훈련 11과목과 상시훈련 12조목의 실행의 정도가 어느 정도이냐로 결정합니다.

마. 선거

모든 교화단의 우두머리격인 수위단 단장과 단원들의 선출은 모든 단의 단장이 피선거권을 가지고, 수위단 선거권은 모든 단의 단장과 중앙이 가지며, 선거에 관한 절차와 공정한 이행을 위해 선거 3개월 전에 선거관리위원회를 설치하고 업무를 개시합니다.

바. 책임자

교화단의 활동과 발전을 효율적으로 돕기 위하여 행정 조직(교정원, 교구 사무국, 지구, 교당)을 두고, 해당되는 곳의 책임자는 출가와 재가를 막론하고 그에 합당한 실력을 갖춘 지자(智者) 교도가 합니다.

사. 교육

가) 교육 내용은 단 활동을 통하여 원불교 경전(정전과 대종경)을

중심으로 배우고 익히며, 특히 정기 훈련 11과목과 상시 훈련 12조목을 교화단 교육의 핵심으로 교육하고, 이에 따라 교당과 훈련원에서는 개인 또는 단체 교도를 대상으로 시간을 편성하여 교육합니다.

　나) 마음공부 해석서 '본성에 바탕한 마음공부'를 통하여 교리를 세밀하고 깊이 있게 이해하도록 교육합니다.

아. 훈련과 점검

가) 훈련

정기 훈련 11과목과 상시 훈련 12조목을 자력으로 실행(교법의 생활화)할 수 있어야 하므로 개인적으로는 매일 자신에게 맞는 시간을 정하여 스스로 정기 훈련과목을 실천하고, 상시에는 정기 훈련과목을 활용하는 상시 훈련 조목을 실행하며, 이에 대해 단장은 단원들에 대해 점검과 지도와 독려를 하며, 정기 훈련과목 중에서 개인적으로는 할 수 없는 회화나 강연과 같은 훈련과목은 단체로 모여서할 수 있도록 합니다.

나) 점검

정기 훈련과목 중 정기일기와 상시일기를 매일 기재하는 것을 원칙으로 하되 혹시 바쁜 일이 있거나 부득이한 사정이 있을 때는 기재할 수 있는 것만이라도 기재하여 단장에게 문서 또는 이메일이나 카톡방과 같은 통신망을 통해 보고하고, 단장은 이를 점검하고 채점해 두었다가 다음 법위등급 사정(査定) 때에 반영하도록 하며, 부족한 점은 지도하여 단원들의 실력 향상을 돕는다.

자. 시험

월별, 분기별, 연도별로 필기와 실기시험을 실시하며, 필기는 정해진 시간에 치르는 시험으로 사지선다형과 서술형이 있고, 실기는 정기훈련법과 상시훈련법을 얼마나 잘 실행하였는지로 평가합니다.

차. 채점 및 상담

가) 채점

단장은 단원들이 매일 또는 매주 보내준 정기 훈련과목과 상시 훈련과목의 실행 여부를 수시로 점검하고 채점해 두었다가 월별로 종합하여 채점한 것을 기록해 두고, 이를 전부 모아 연말에 합산하여 단원 개인성적으로 기록하고 법위사정에 반영합니다.

법위등급은 예비 보통급, 정식 보통급, 예비 특신급, 정식 특신급, 예비 법마상전급, 정식 법마상전급, 예비 법강항마위, 정식 법강항마위, 예비 출가위, 정식 출가위, 예비 여래위, 정식 여래위 등의 12등급으로 정하고, 법위사정(法位査定)은 그동안의 필기시험 성적과 정기훈련법과 상시훈련법의 실행 여부에 따른 채점을 종합하여 공정한 기준에 따라 승급이나 강급이 되게 하며, 정식 법강항마위, 정식 출가위, 정식 여래위는 시험을 통과하는 것은 물론이고 특

히 중요한 것은 교리와 마음공부에 관한 논문을 제출하거나, 법문집
으로 심사에 통과해야 승급할 수 있도록 합니다.

나) 상담

단원과 단장의 서면(書面)이나 대화를 통한 문답(問答)과 단장의
감정(鑑定)과 단원의 해오(解悟) 얻는 모임 시간은 서로의 시간에 맞
게 정하되 가능한 정례법횟날에 하도록 합니다.

카. 평가 및 성적 우수 단원 또는 단(團) 포상

가) 평가 ; 평가는 공정하게 하며

나) 포상 ; 포상은 향상된 성적에 맞게 수여하며

다) 성적이 향상된 단원이나 포상을 받은 단원은 상위 단으로 이적
(移籍)할 수 있고, 다른 단의 단장 또는 중앙으로 이적(移籍)할 수 있
으며, 성적이 하락된 단장이나 단원은 하위 단으로 이적될 수 있도
록 합니다.

타. 지자본위(智者本位) 실행

가) 수위단 단장인 종법사를 비롯한 모든 단원은 출가 재가를 막
론하고 실력 갖춘 지자(智者)를 본위(本位)로 단장을 선출하며, 지력
(智力)에 바탕한 실천력이 부족한데 출가라고 해서 단장으로 선출하
는 폐단은 없어야 합니다.

나) 단장은 도력과 법력이 바탕된 지력(智力)이 부족하면 결코 단

장이 될 수 없으며, 지력(智力)은 교리에 대한 이해도와 교리를 알기
쉽게 전달하는 전달력과 생활 속에서의 교법을 실천하는 실천력으
로 평가하며, 단장은 임기마다 출가 재가를 막론하고 지자(智者)를
본위로 선출해야 합니다.

파. 교단 운영방식 개혁(改革)

원불교를 창시하신 소태산 대종사님께서는 과거 불교의 출가승 위
주의 편협한 제도로 인해 야기되는 불법의 비생활화, 비대중화의 폐
단을 새로 만든 원불교에서는 단호하게 배척하고 출가 재가가 평등
한 관계에서 불법을 실천하여 법력과 도력을 갖춘 지자(智者)가 교
단을 운영하도록 하는 지자본위(智者本位)의 교단을 만드셨습니다.

교단 초창기에는 교도 수도 부족한데다 교육을 전문적으로 받은
시일도 부족하였으므로 자연히 출가 교도가 지자로서의 자격을 갖
추게 되었으므로 출가 위주의 교단 운영은 당연한 현상이었으나 세
월이 지난 현재는 상황이 과거와는 많이 달라져서 재가 교도들의 수
도 많아졌고, 공부 실력도 출가 교역자들을 능가하는 분들도 많아진
상태이지요.

반면에 출가 교역자를 자원하는 수는 급격히 감소하여 출가 교역
자만으로 교단을 운영하기는 더 이상 불가능한 상태에 돌입해 가고
있고, 이에 더하여 출가 교역자들의 종교적 심성은 기대에 한참 못

미치는 측면도 있는데 이러한 원인은 여러 가지가 있겠지만 한 예를 들면, 출가를 서원하는 학생의 수가 급격히 감소하다 보니 이를 해결하고자 종교 교역자가 갖추어야 할 심성이나 예의와 범절에 대해서는 제대로 알려주지 않은 채로 청소년, 청년들을 무리하게 출가의 길로 인도하다 보니 출가 교역자라는 직업을 일반 사회의 직장 중에 하나 정도로 착각한 채로 출가의 길에 들어서다 보니 본인도 출가의 길에 후회와 회의를 느끼게 될 뿐만 아니라, 교단 발전에도 심각한 문제로 대두되는 불행과 비극의 상황이 전개됨은 교단 운영을 출가에만 의존하는 결과라 아니할 수가 없지요.

교역자의 삶은 청소년이나 청년들이 현재까지 살아오면서 보고 느낀 종교 성직자들의 은혜롭고 성스러운 희생적 삶의 모습에 깊이 감동하여 자기도 그러한 삶을 보람으로 알고 살겠다고 스스로 서원을 세우고 공부하며 준비해야 어려운 교역의 삶 속에서도 이를 능히 극복할 수가 있는 것이지요.

예를 들면 100일 불공 프로젝트와 같은 행사는 100일이라는 기간을 정하여 그 기간만 형식적인 불공으로 그들에게 비정상적으로 편하고 좋은 것만 보여줌으로써 성직의 기본은 세상을 위한 희생적 삶이 아니라 대우만 받는 직업이구나 하는 착각을 하고 성직의 길로 들어서게 함으로써 결국 그들이 잘못된 성직자의 삶을 시작하도록 하게 만듦으로써 결국 스스로도 후회(後悔)와 회의(懷疑)로 불행에 부딪히게 되고, 교단도 심각한 혼란에 빠지게 될 뿐만 아니라 그로 인해 세상도 비극으로 치닫게 함으로써 세상 사람들에게 종교는 백해무익(百害無益)한 것이라는 잘못된 인식을 만들게 되므로 이는 반드시 시정되어야 하는 것이죠.

진정으로 출가자의 수를 많게 하고 교단을 발전시키려면 현재 출가 교역자들의 삶이 진리에 바탕하여 세상을 위해 희생을 가장 높은 가치로 알고 실행함으로써 그러한 성스러운 삶의 모습을 보고 감동하도록 청소년들에게 보여주어야 하는 것이죠.

그래야 그들이 성직의 길을 스스로 선택하게 됨으로써 어떠한 어려움이 닥쳐도 피하거나 도망가지 않고 이를 극복하는 것을 기쁨과 보람으로 알고 행복하게 살아갈 수가 있는 것이지요.

근래에 우리 교단이 교화에 힘을 못 쓰고 침체되고 있음은 교역자들이 대종사님의 가르침인 정기훈련법과 상시훈련법을 실천하지 않았기 때문이지요.

위와 같은 사실들뿐만 아니라 우리는 출가 위주의 편협한 교단 운영이 얼마나 교단 발전에 심각한 문제점을 초래하고 있는지를 알 수 있지요.

출가 교도가 되면 무능하고 무지하고 인성이 삐뚤어져도 지도자의 자격을 부여해주는 폐단은 교단 발전에 심각한 문제를 일으키므로, 이제는 출가 교도에게 주는 잘못된 특혜를 없애고 출가, 재가 누구나 지자(智者)이면 지도자의 자격을 부여받을 수 있도록 해야 하는 것이지요.

소태산 대종사님의 첫 제자는 9인이었습니다. 대종사님께서는 9인의 제자와 함께 이 회상을 펼치실 계획을 세우시고 실행하셨습니다.

거진출진으로서 창생을 위해 원불교를 창교하신 후 전무출신의 삶을 사셨던 소태산 대종사님의 9인 제자 중 중앙을 제외한 8인의 제자 중에는 5인이 전무출신이고, 3인은 거진출진이었습니다.

이를 통해 소태산 대종사님께서 창교하신 원불교는 전무출신의 종교도 아니고, 거진출진의 종교도 아닌 출가, 재가를 막론하고 지자(智者)를 본위(本位)로 하여 운영하는 종교라는 것을 명백히 천명하신 것임을 우리는 분명히 알 수가 있는 것입니다.[30]

아무리 좋은 교법이 있어도 이를 실천하지 않으면 무슨 소용이 있겠습니까.

교화단을 통해 정기 훈련 11과목과 상시 훈련 12조목을 실천하는 교리의 생활화!

출가 재가를 막론하고 지자(智者)를 본위(本位)로 교단을 운영하는 대중화!

새로운 시대에 맞게 지혜로써 삶의 방식을 은혜롭게 행복을 충족시킬 수 있는 자기 혁신적이고 개발적인 시대화!

이러한 세 가지 요소는 우리의 원불교가 흥하느냐 망하느냐를 결정짓는 중요한 요인들임을 이제라도 깨닫고 결단력 있게 이를 실행하지 않을 수 없는 상황에 직면하고 있습니다.

대종사님께서는 출가, 재가를 막론하고 지자본위(智者本位)로 교단을 운영하라고 하셨으니 더 망설일 이유가 뭐가 있을까요.

용어 해석

* **감사생활(感謝生活)**: 남이 한 일을 은혜라 생각하며 고마워하는 생활.

* **강급(降級)**: 타락(墮落)하여 등급(等級)이 낮아짐.

* **강령(綱領)**: 그물의 벼리처럼 아주 중요한 줄거리가 되는 말씀.

* **강연(講演)**:

① 일정한 주제에 대하여 청중 앞에서 강의 형식으로 말함.

② 원불교 정기훈련법 중 사리연구 과목의 하나. 격(格)을 갖추어 지견을 교환하고 혜두(慧頭)를 단련시키기 위해 사리간에 일정한 제목을 놓고 그 뜻을 해석하는 연구의 한 방법. 구속을 주어 격에 맞는 혜두 단련을 시키는 공부.

격을 갖춘다는 것은 외적으로 연상이나 법석을 갖추는 것과 내용에 있어서 외제에 흐르지 않고 본제에 어긋남이 없게 한다는 것이며 서론 · 본론 · 결론의 순서와 조리가 정연함을 말한다. 격을 갖추어 단련시키는 이유는 사리 간에 문제의 핵심을 정확히 파악하며 논리 정연하게 해석함으로써 그 문제의 의미와 목적, 방법과 결과를 분명히 알 수 있게 하여 주로 연역적 사고방식이 갖추어지기 때문이다.

격을 갖추어 혜두를 단련하는 강연은 사리연구 과목 중에서 구속

없이 자유롭고 활발하게 의견을 교환하며 혜두를 단련하는 회화와 상호보완적인 관계에 있다. 강연은 사리간에 어떠한 문제를 정하고 그 의지를 해석시킴이니, 이는 공부인으로 하여금 대중의 앞에서 격을 갖추어 그 지견을 교환하며 혜두를 단련시키기 위함이다(《정전》 정기훈련법).

　소태산 대종사는 《불교정전》 수행편에서 강연과 회화의 관계를 다음과 같이 밝히고 있다. "강연과 회화의 대의(大義)를 말하자면 사람의 혜두를 단련시킴에 있나니, 혜두라 하는 것은 너무나 자유를 주어도 거만하고 누그러져서 참다운 밝음을 얻지 못하는 것이요, 너무나 구속을 주어도 눌리고 소졸(小拙)해져서 또한 참다운 밝음을 얻지 못하는 것이니, 그러므로 강연의 일정한 문제로는 그 혜두에 구속을 주어 단련시키며 회화로써는 그 혜두에 자유를 주어 단련시켜, 이 구속과 자유 두 사이에서 사람의 혜두로 하여금 과불급이 없이 진정(眞正)한 혜광(慧光)을 얻도록 함이니라."

　* 거래(去來): 갔다가 오고 왔다가 감.

　* 경계(境界): 두 구역을 나누는 지점 또는 두 구역이 만나는 지점.

　* 경전(經典):

　① 종교 교단에서 그 종교의 중심적 교설(教說)을 기록한 책.

　② 원불교 정기훈련법 중 사리연구 과목의 하나. 공부의 방향로(사리를 알아 활용하는 길)를 알기 위해 지정교서와 참고 경전을 배우고 익히는 연구의 한 방법.

여기서 지정교서란 《원불교교전》·《불조요경》·《정산종사법어》·
《예전》·《원불교교사》·《원불교교헌》·《성가》를 말하며, 참고경전
이란 7대 교서 외의 기타 원불교 교서들과 제종교의 기본 경전들을
말한다. 경전은 성불제중을 하고 제생의세하는 모든 방법과 원리 및
정확한 목표를 배울 수 있는 것으로 여행자를 목적지로 안내하는 지
도와 같은 것이다.

옛말에 "성인출세 이전은 도가 하늘에 있고, 성인출세 이후는 도
가 성인에 있으며, 성인이 가신 후에는 도가 경전에 있나니라."라는
말이 있다. 경전은 곧 도가 수록되어 있고 성인의 심법과 인격이 들
어 있는 것이다. 《정전》에서 "경전은 우리의 지정교서와 참고경전
등을 이름이니, 이는 공부인으로 하여금 그 공부하는 방향로를 알게
하기 위함"이라고 정의하고 있다(《정전》 정기훈련법).

* **공적(空寂)**: 진공(眞空)은 자체적(自體的)으로 부딪힘이 없으므로
시끄러움이 없어 고요함.

* **공적영지(空寂靈知)의 광명(光明)**: 진공(眞空)은 막힘이 없어 부딪힘
이 없으니 고요한 것이며 고요한 가운데 신령(神靈)스러운 앎이 있
는데, 이는 마치 밝은 빛과 같이 환하여 모든 것을 알 수 있게 한다
는 뜻.

* **극락(極樂)**: 기쁨과 즐거움이 완전하게 충만함.

* **단전토굴(丹田土窟)**: 단전은 우리의 신체에서 우주의 진공을 체험
하는 자리인데 몸을 땅이라 생각하면 단전은 배 속에 있어서 우리의

영혼이 자리할 수 있는 땅속의 굴과 같은 곳이라는 뜻.

* **돈공(頓空)**: 부수어져 파괴되어 없어져서 진공(眞空)이 됨.

* **만상(森羅萬象)**: 우주 만물.

* **망상(妄想)**: 망령된 생각.

* **명상(名相)**: 이름만으로 이해되는 식(識)의 세계와 형상.

* **묘유(妙有)**: 묘(妙)하게 생겨남.

* **무념(無念)**: 밖으로 육진(六塵)에 마음과 생각이 일어남이 없이 안으로 단전(丹田)의 진공(眞空)에 정신을 주(住)하여 공적(空寂)성성(惺惺)한 자성정(自性定)에 입정(入定)함.

* **무상(無相)**: 아상(我相) · 인상(人相) · 중생상(衆生相) · 수자상(壽者相) · 법상(法相) · 비법상(非法相)이 없다는 뜻.

아상(我相)이 없다는 것은 어리석은 사람이 재산이나 학식이나 가문이 있다는 것에 의하여 다른 사람을 업신여기지 않는다는 것인데, 왜냐하면 공적성성한 자성정의 자리에는 수(受) · 상(想) · 행(行) · 식(識)이 없다는 것을 알기 때문이다.

인상(人相)이란 인의예지신(仁義禮智信)을 행(行)하나 그에 자부심을 가져서 남을 업신여기고 공경하지 않는 것인데, 이는 지수화풍(地水火風)으로 이루어진 자신의 몸이 실(實)이 아니고 진공의 본래 자리에는 없는 것임을 모르기 때문이다.

중생상(衆生相)이란 좋은 것은 자기가 취하고 좋지 못한 것은 남에게 돌리는 것인데, 중생상(衆生相)이 없다는 것은 생멸심(生滅心)이 없음을 알기 때문이며, 수자상(壽者相)은 어떤 경계를 당하면 좋은 것만 취하려는 마음인데, 수자상(壽者相)이 없다는 것은 내 몸이 본래 진공자리에는 없는 것이기에 목숨 또한 없는 것을 알기 때문이다.

법상(法相)이 없다는 것은 이름을 떠나고 상(相)을 떠나서 문자(文字)에 얽매이지 않음이고, 무비법상(無非法相)이란 공적성성(空寂惺惺)한 자성정(自性定)과 공적영지(空寂靈知)한 자성혜(自性慧)와 자성계(自性戒)가 없음이 아니라는 뜻이다.

* **무시광겁(無始曠劫)**: 시작도 없고 끝도 없는 영원한 세월.

* **무시선(無時禪)**: 시간(時間)에 관계없이 선(禪)이 됨.

* **무주(無住)**: 바깥 경계인 외경(外境)에 집착(執着)하지 않고 자성(自性)이 있는 단전(丹田)에서 진공(眞空)에 합일(合一)하여 마음과 생각을 함.

* **백천삼매(百千三昧)**: 모든 때 모든 장소에서 삼매를 얻음.

* **번뇌(煩惱)**: 사념(邪念)·망념(妄念)·잡념(雜念)·미혹(迷惑)·무명(無明) 등 경계에 끌려다니거나, 몸과 마음을 괴롭히고 소란케 하는 정신작용의 총칭.

부처마음을 보리심이라고 하는 데 대해 중생마음을 번뇌심이라고 한다. 육체의 병은 몸을 괴롭혀 고통스럽게 하고, 번뇌는 마음을 괴롭혀 어지럽게 한다. 경계에 마음이 끌려다니면 번뇌심이 일어나고, 번뇌심이 일어나면 괴로움에 허덕이게 되고 온갖 죄업을 짓게 된다.

* **본성(本性)**: 근본(根本)되는 성품(性稟).

* **본원(本源)**: 근본(根本) 또는 근원(根源).

* **부귀영화(富貴榮華)**: 부유하고 귀하고 영광스럽고 화려함.

* **분별(分別)**: 물질적으로는 우주 만물의 형형색색(形形色色)과 정신적으로는 마음속의 여러 가지 생각과 뜻의 구별(區別)적인 인식(認識) 작용.

* **분별성(分別性)**: 안으로 공적성성(空寂惺惺)한 단전으로 회광(廻光)하여 자성(自性)의 정(定)에 입정(入定)한 상태에서 다시 밖으로 돌이켜 반조(返照)를 함으로써 생기는 공적영지(空寂靈知)의 식(識)의 작용.

* **분별심(分別心)**: 분별성은 분별하는 식(識)을 의미한다면 분별심은 분별성에 좋은 것 또는 나쁜 것이라는 감정이 더해진 것을 의미한다.

따라서 분별성은 출정 반조 자성혜로 공적영지한 깨어 있는 상태의 분별이라면, 분별심은 분별성에 자신의 생각이 더해져서 좋다 또는 나쁘다는 자기의 판단이 가미된 것으로, 이것이 무상(無相)일 때는 공적영지의 광명인 무상의 자성혜에 바탕한 것이므로 부처의 마음이지만 그러지 못하고 사상(四相)이 개입되면 이기주의적 욕심이 생겨서 잡념과 망념에 의한 무명의 중생심이 된다.

* **분별지(分別智)**: 우주의 공적(空寂)영지(靈知)의 광명(光明)을 따라 자신의 영혼(靈魂)이 육근(六根)을 통하여 육진(六塵)의 세상을

분별(分別)하는 지혜(智慧).

  * **불심(佛心)**: 부처님 마음.

  부처님의 마음은 중생(衆生)의 마음과 달라서 본성(本性)에 바탕한 마음이다. 그래서 아무리 시끄럽고 요란(搖亂)한 경계(境界)를 만나도 근본(根本) 마음인 성품(性稟)을 잃지 않고 자신(自身)의 할 바를 다한다.

  * **사리(事理)**: 일과 이치.

  * **사생(四生)**: 태란습화(胎卵濕化)의 생명체(生命體).

  태생(胎生): 인간 · 야수 등과 같이 모태에서 태어난 것.

  난생(卵生): 새와 같이 알에서 태어난 것.

  습생(濕生): 벌레 · 곤충과 같이 습한 곳에서 생긴 것.

  화생(化生): 나비처럼 기어 다니는 애벌레가 날개가 생겨서 공중을 날아다니는 생명체.

  또한 육조혜능선사는 금강경 해석에서 사생(四生)에 대해 해석하시기를, 난생(卵生)이란 성품(性稟)이 미(迷)한 것이고 태생(胎生)이란 습성(習性)이고 습생(濕生)이란 사(邪)를 따르는 성품이고 화생(化生)이란 보고 취하는 성품이라고 하였다.

  추가로 마음을 일으키고 마음을 닦아서 망령되이 시비(是非)를 보고 안으로 무상(無相)의 이치에 계합하지 못함을 유색(有色)이라 하고, 내심(內心)으로 곧은 마음만 지켜서 공경(恭敬)과 공양(供養)을 행하지 않고 다만 곧은 마음만을 부처라고 보아서 복(福)을 짓지 않고 혜(慧)를 닦지 않음을 무색(無色)이라 하였다.

또 중도(中道)를 요달하지 못하고 눈으로 보고 귀로 들으며 마음으로 사유(思惟)하여 법상(法相)에 애착(愛着)하여 입으로는 부처의 행(行)을 말하나 마음으로는 행하지 않음을 유상(有想)이라 하였으며, 미혹(迷惑)한 사람이 좌선(坐禪)을 하여 한 결같이 망념(妄念)만을 없애려 하고 자비(慈悲)희사(喜捨)의 지혜방편을 배우지 않아 마치 목석과 같이 아무 작용이 없는 것을 무상(無想)이라 하였다.

그리고 두 가지 유무법상(有無法相)에 집착하지 않는다는 상(相)을 가진 고로 비유상(非有想)이라 하고, 이치(理致)를 구(求)하는 마음이 있는 고로 비무상(非無想)이라 하였다.

* 사은(四恩): 우주에 존재하는 네 가지 은혜. 천지은, 부모은, 동포은, 법률은.

* 삼매(三昧):

① 삼마지(三摩地) · 삼마제(三摩提) · 삼매지(三昧地) 등과 같이 산스크리트어의 싸마디(samādhi)의 음역(音譯: 한자漢字 소리로 발음된 한자). 마음을 한곳에 모아 움직이지 않기 때문에 정(定)으로, 또 마음을 평정하게 유지하기 때문에 등지(等持), 또 정수(正受) · 정심행처(正心行處) 등으로 의역(意譯: 뜻으로 번역)한다.

② 불교 수행의 한 방법으로 심일경성(心一境性)이라 하여, 마음을 하나의 대상에 집중하는 정신력.

③ 선(禪) · 입정을 통해 얻는 마음. 청정일심. 천만경계를 대해서

도 마음이 흔들리지 않고 적적성성한 경지. 정신통일·독서삼매·
입정삼매·좌선삼매·유희삼매 등의 경지. 산란하고 시끄러운 마음
을 한곳에 집중해 움직이지 않으며, 마음을 바르게 하여 망념·분별
에서 벗어나는 것.

　* **상시일기(常時日記)**: 원불교 훈련 11과목 중 취사과목으로 상시로
삼학의 병진을 대조하는 일기. "재가·출가와 유무식을 막론하고 그
날 하루의 유무념 처리와 학습 상황과 계문에 범과 유무를 반성하기
위한 일기"(《정전》 수행편). 상시일기는 누구나 쉽게 할 수 있으며
그 구체적인 내용은 다음과 같다.

　① 유무념 대조공부: 유무념 대조는 하기로 한 일과 하지 않기로
한 일을 잊지 않고 실행하는 힘을 기르기 위한 것이다. 유념이란 하
자는 조목과 말자는 조목에 주의심을 가지고 한 것이고, 무념은 주
의심이 없이 한 것이다. 유무념 대조의 목적은 공부인에게 모든 일
에 주의심을 배양시키자는 것이다. "유념공부는 곧 일용행사에 그
마음 대중을 놓지 않는 것이니, 이른바 보는 데에도 대중 있게 보고
듣는 데에도 대중 있게 듣고 말하는 데에도 대중 있게 말하고 동할
때에도 대중 있게 동하고 정할 때에도 대중 있게 정하여 비록 찰나
간이라도 방심을 경계하고 정념(正念)을 가지자는 공부니라"(《정산
종사법어》 경의편23).

　② 학습 상황: 학습 상황을 기재하는 것은 정성으로 쉼 없이 공부
하는 마음을 기르기 위한 것이다. 학습 상황은 당일의 생활에 수양

과 연구의 학습 상황을 대조하여 부족한 점을 챙겨서 나태심을 뿌리 뽑고 분발심을 북돋아 공부에 대한 용맹불퇴의 증진심을 배양하자는 것이다. 하루의 공부와 생활이 수양과 연구가 골라 맞게 되었는가를 반성하여 본다. 모든 과목 중 각자가 가장 부족하다고 생각되는 과목을 살펴서 거기에 더 보충해서 골라 맞게 하는 것이다.

③ 계문의 범과 유무: 계문을 잘 지키자는 것은 불의를 행하지 않고 정의를 실천하는 힘을 길러서 악업은 멀리하고 선업은 가까이하여 복을 짓는 생활을 하자는 것이다. 이처럼 상시일기는 상시로 삼학 수행을 대조하는 일기이며 자각적 수행을 촉진하는 정진표이다.

* **생멸(生滅)**: 생기면 사라지고 사라지면 생겨남.

* **석벽(石壁)**: 돌처럼 단단한 벽.

* **선(禪)**: 정신을 통일하여 한마음이 됨.

* **선악(善惡)**: 착함과 나쁨.

* **성리(性理)**: 《정전》 '정기훈련법'에서는 "성리란 우주만유의 본래 이치와 우리의 자성원리를 해결하여 알자 함이라."고 정의한다. 이의 중요성이 《대종경》에 성리품을 둔 데서도 나타나는데, 소태산 대종사께서는 종교의 문에 성리를 밝힌 바가 없으면 이는 원만한 도가 아니니 성리는 모든 법의 조종(祖宗)이 되고 모든 이치의 바탕이 되는 까닭이라고 대종경 성리품 9장에 밝혀 놓으셨다.

* **성성(惺惺)**: 영혼이 대령(大靈)의 영지(靈知)에서 아직 분별(分別)이 일어나지 않은 자성(自性)의 정(定)인 회광(廻光)의 상태.

* **성품(性稟)**: 영혼이 심신(心身) 작용(作用)을 할 수 있는 근본(根本) 바탕으로서, 영적(靈的)으로는 공적(空寂) 영지(靈知)의 광명(光名)으로 이에 따라 기적(氣的)으로 진공(眞空) 묘유(妙有)의 조화(造化)가 이루어짐.

* **소태산**: 원불교의 교조. 아명은 처화(處化)·진섭(鎭爕). 족보명은 희섭(喜爕). 중빈은 법명. 법호는 소태산(少太山). 원불교 교단의 존호는 대종사(大宗師)·원각성존(圓覺聖尊)으로 받든다.

1891년 5월 5일(음 3.27), 전남 영광군 백수면 길룡리 영촌마을의 평범한 농가에서 부친 회경(晦傾)과 모친 유정천(劉定天)의 4남 2녀 중 3남으로 태어났다. 어린 시절부터 진리에 뜻을 두고 오랜 구도 고행 끝에 1916년 4월 28일 일원상진리(一圓相眞理)를 대각하고 원불교를 창립했다.

원불교에서는 이날을 대각개교절(大覺開敎節)로 정하고 경축하며, 이해를 원기(圓紀) 원년으로 헤아린다. 소태산은 최초법어를 설하고 시국을 살펴 '물질이 개벽되니 정신을 개벽하자'(《대종경》서품 4)는 표어를 지도강령으로 삼았다.

구인제자를 얻고 저축조합과 방언공사를 시행하며 법인기도(法認祈禱)를 행한 다음, 1919년(원기4) 주석처를 전북 부안으로 옮겨 교리강령(敎理綱領)을 제정하고 교서를 초안하며 회상창립을 위한 인연규합에 힘썼다. 1924년(원기9) 6월 1일 전북 익산의 보광사(普光寺)에서 불법연구회(佛法硏究會) 창립총회를 개최하고, 같은 해에 익산시 신룡동 344-2번지에 중앙총부를 건설하여 전무출신 공동생활을 시작한다. 이어 소태산은 28년간 각종 제도확립 · 인재육성 · 교서편정 · 교화훈련 등의 활동을 전개하다가 1943년(원기28) 5월 16일 생사법문(生死法門)을 설하고, 6월 1일 열반했다.

* **수호(守護)** ; 지키고 보호함.

* **심인(心印)**: 마음 도장(圖章).

* **심지(心地)**: 마음을 땅에 비유하여 표현한 용어.

* **언어(言語)**: 어떤 무엇에 대한 말이나 대화(對話).

* **업보(業報)**: 생활(生活) 속에서 심신(心身) 작용(作用)에 따라 생긴 사건(事件)의 원인에 따라 되돌아오는 결과. (예: 콩 심으면 콩 나고 팥 심으면 팥 난다)

* **염불(念佛)**: 좌선과 함께 불교의 중요한 수행 방법. 원불교의 경우 염불의 의미는 불교와 다르지 않으나, 불교처럼 부처님의 색상이나 법신의 실상을 보는 관상염불이나, 아미타불과 같은 부처님의 명호를 부르는 칭명염불이 아니다.

원불교의 염불은 삼학수행 중 정신수양의 한 방법으로서, 천만 가지로 흩어진 정신을 일념으로 통일시키고 순역 경계에 흔들리는 정신을 안정시키는 공부법으로서, 자심미타를 발견하여 자성극락에 돌아가기를 목적하는 공부법이다. 그래서 원불교에서도 염불을 할 때에 나무아미타불을 염송하지만, 마음속에 외불을 구하거나 미타색상이나 극락장엄을 그려 내지 않고 오직 자심미타를 찾아 합일하고자 한다.

이 염불을 오래도록 하다 보면 염불삼매를 얻게 되고 원하는 극락을 수용할 수 있게 된다. 염불의 공덕으로는 첫째 경거망동하는 일이 차차 없어진다, 둘째 육근 동작에 순서를 얻게 된다, 셋째 병고가 감소되고 얼굴이 윤활하여진다, 넷째 기억력이 좋아지게 된다, 다섯째 인내력이 생겨나게 된다, 여섯째 착심이 없어진다, 일곱째 사심이 정심으로 변하게 된다, 여덟째 자성의 혜광이 나타나게 된다, 아홉째 극락을 수용하게 된다, 열째 생사에 자유를 얻게 된다 등의 열 가지가 있다.

* **염정제법(染淨諸法):** 더럽거나 깨끗한 모든 일.

* **영식(靈識):** 텅 비어 고요한 공적(空寂)한 가운데 신령(神靈)스럽게 아는 영지(靈知)하는 것이 있는데 이를 공적(空寂)영지(靈知)의 광명(光明)인 천지(天地)의 식(識) 또는 성품(性稟)이라 하며, 인간이나 유정물(有情物)의 개개(個個)의 영혼인 개령(個靈)이 아는 식(識)을 영식(靈識)이라 하고 이 개령(個靈)의 영식(靈識)이 성품(性稟)을 깨달으면 자성(自性), 진아(眞我)를 발견했다고 한다.

* **영주(靈呪):** 신령스런 주문으로 그 내용은 다음과 같다.

천지영기아심정(天地靈氣我心定): 천지의 신령스러운 기운에 내 마음이 입정을 하면

만사여의아심통(萬事如意我心通): 모든 일이 나의 마음의 생각과 같이 막힘없이 통하여

천지여아동일체(天地與我同一體): 천지가 나와 더불어 한 몸과 같이 되고

아여천지동심정(我與天地同心正): 나의 마음이 천지의 마음과 같이 바르게 되도다.

* **영지(靈知)**: 영혼(靈魂)의 식(識)의 작용으로 ① 신령스럽게 앎. ② 우주(宇宙)나 인간(人間)의 분별성(分別性)을 의미함.

* **요란(搖亂)**: 중심을 잃고 흔들려서 어지러움. 〈요란(擾亂): 어지러움〉

* **우주만유(宇宙萬有)**: 우주(宇宙)에 있는 물질적(物質的)인 것과 정신적(精神的)인 것의 모든 것.

* **원래(原來)**: 과거부터 미래까지.

* **원만(圓滿)**: 모가 나지 않고 둥글게.

* **원만구족(圓滿具足)**: 우주의 궁극적 진리는 세상 만물을 다 수용하고 세상 만물 모든 것을 다 만들어 낼 만큼 무한한 정신적 물질적 능력을 갖추었다는 의미.

* **원망생활(怨望生活)**: 남이 한 일에 대해 불평(不評)하고 미워하는 생활.

* **유정물(有情物)**: 감정(感情)이 있는 동물(動物).

*육경(六境)**: 육근과 육진 사이인 경계.

* **육근(六根)**: 안이비설신의(眼耳鼻舌身意).

* **육도(六道)**: 천상 인도 수라 아귀 지옥 축생의 6가지 세계.

천도(天道): 자신의 영혼이 현재(現在) 살 때 성품에 바탕하여 맑고 밝고 바른 생활을 하면 죽어서 다시 이 세상으로 태어나지 않을 때 영혼(靈魂)만으로 주유(周遊)할 수 있는 항상 원만(圓滿)하고 고요한 영(靈)의 세계(世界).

인도(人道): 육도(六道) 중에 인간으로 태어난 세계.

수라(修羅): 성품(性稟)을 깨닫지 못하여 마음에 중심이 없이 정처 없이 떠도는 귀신의 세계를 말한다. 사람이 마음속에 욕심 · 시기 · 질투 · 교만이 가득 차거나, 분명한 주관 없이 남의 말에 잘 끌려다니거나, 방랑생활 · 유랑생활 · 주색(酒色) · 낭유(浪遊)의 생활을 하거나, 번뇌(煩惱) · 망상(妄想)에 사로잡혀 마음의 평화와 안정을 얻지 못한 영혼의 세계이다.

성품(性稟)을 깨닫지 못한 사람의 마음은 하루의 생활 속에서도 끊임없이 육도(六道) · 윤회(輪回)를 하기 때문에 수없이 수라(修羅)의 세계(世界)를 헤매게 되는 것인데, 이러한 경우 죽으면 수라(修羅)가 되는 것임.

아귀(餓鬼): 악업(惡業)을 지은 결과(結果)로 가는 귀신(鬼神)의 세계(世界). 몸이 앙상하게 마르고 몸집은 큰데 목구멍이 바늘구멍 같이 좁아서 아무리 먹어도 배가 채워지지 않아 허기진 악도(惡道)의 세계(世界).

지옥(地獄): 현세(現世)에서 악업(惡業)을 지은 사람이 죽으면 가는 영혼(靈魂)의 세계(世界). 기독교에서는 구원(救援)을 받지 못한 영혼이 죽으면 벌(罰)을 받는다는 세계(世界). 천당(天堂)에 상대(相對)되는 곳으로, 사람의 마음이 삼독(三毒)·오욕(汚辱)에 사로잡히거나 시기질투심·중상모략심·번뇌망상심 등에 불타서 마음이 괴롭고 불안하여 죽으면 가는 영혼(靈魂)의 세계(世界). 죽어서만 가는 것이 아니라 영혼(靈魂)에게는 현재(現在) 생(生)에 살아 있어도 마음으로 지옥(地獄) 생활(生活)을 하는 영혼(靈魂)들이 있으며, 따라서 영혼(靈魂)은 영계(靈界)에서나 현상계(現象界)에서나 정신적(精神的)인 몸인 마음으로 느끼는 것은 같음.

축생(畜生): 고통(苦痛)이 많고 즐거움은 적으며, 성질이 무지(無智) 몽매(蒙昧)하고 식욕(食慾)·음욕(淫慾)이 강하며, 부자·형제간의 윤리도 없이 서로 싸우고 잡아먹는 짐승 세계. 살생 도적질 간음 같은 중죄를 많이 범한 사람이 내생(來生)에 태어나는 동물(動物)의 세계(世界).

* 육식(六識): 영혼이 육근(六根)과 육진(六塵) 사이의 육경(六境)에서 발생하는 식(識).

* 육진(六塵): 육경에서 육식이 발생하게 만든 물질 또는 대상(對象).

* 윤회(輪廻): 생명이 있는 것, 즉 중생은 죽으면 전생(前生)에 닦은 지혜(智慧)의 정도에 따라 또는 지은 바 선(善)과 악(惡) 그리고 복(福)과 죄(罪)의 정도에 따라 천상·인도·수라·아귀·지옥·축생이라는 육도(六道)를 수레바퀴가 돌듯이 돌아다니게 된다는 뜻.

* 은생어해(恩生於害): 해(害)로운 상황에서 은혜(恩惠)를 만들어

냄. (예: 어려운 처지에 놓인 사람이 그 어려움을 참고 열심히 노력하여 잘 극복함으로써 은혜롭고 행복한 처지로 바꿈)

* 은현자재(隱現自在): 숨었다 나타났다 나타났다가 숨기를 자연스럽게 순환(循環)하며 존재함.

* 은혜(恩惠): 한마음이 되어 정신·육신·물질로 베풀어 서로가 상생(相生)의 관계를 맺음.

* 의두(疑頭): 화두(話頭)·공안(公案)과 같은 뜻. 일원상의 진리를 깨치기 위해 갖는 큰 의심. 정기훈련 11과목의 하나로서, 대소유무의 이치나 시비이해의 일 또는 과거 불조의 화두 중에서 의심나는 제목을 선택하여 깊이 연구하는 것.

《정전》‘정기훈련법’에서 “의두는 대소유무의 이치와 시비이해의 일이며, 과거 불조의 화두 중에서 의심나는 제목을 연구하여 감정을 얻게 하는 것이니, 이는 연구의 깊은 경지를 밟는 공부인에게 사리간 명확한 분석을 얻도록 함이요.”라 했다. 그러므로 수행인의 근기에 따라 의두는 각각 다를 수 있다.

《정전》에는 ‘의두요목’ 20개(《정전》 의두요목)가 선택 제시되어 있다. 의두는 불보살이 깨친 오묘 불가사의한 진리의 세계를 언설로써는 어떻게 표현해서 가르치기 어렵기 때문에 방편으로써 어떤 문제를 제기하여 그것을 계속 연마하고 궁구하여 마침내 진리를 체득하게 하는 방법이다. 소태산 대종사가 의두를 정신수양 과목이 아닌 사리연구 과목에 두었다는 점이 특징이라 할 수 있다.

* **일원(一圓)**: 도교(道敎)의 도(道) 또는 자연(自然), 유교(儒敎)의 무극(無極) 또는 태극(太極), 불교(佛敎)의 청정법신불(淸淨法身佛)과 글자는 다르나 의미는 같음.

* **일진법계(一眞法界)**: 하나의 참다운 진리의 세계. 수행인(修行人)이 선(禪)을 하여 참다운 선(禪)의 경지(境地)에 이르면 우주(宇宙)가 모두 참다운 진리의 세계로 화(化)하여 접(接)하는 모든 대상(對象)이 불이(不二)의 경계(境界)에 이르게 된다.

* **일체(一切)**: 모든 전체.

* **자력생활(自力生活)**: 자신의 힘으로 살아가는 생활.

* **자리**: 여기서는 눈에 보이는 물질적(物質的)인 공간(空間)을 차지하는 장소(場所)가 아니라 정신적(精神的)인 상태로서의 경지(境地)를 의미(意味)함.

* **자성(自性)**: 우주에 스스로 존재하는 성품(性稟).

* **자행(恣行)자지(自止)**: 자신이 아는 것이 제일인 양 남을 무시하고 방자(放恣)하게 행동함.

* **적적(寂寂)**: 공적(空寂), 영혼(靈魂)이 기(氣)의 근본(根本)인 진공(眞空)의 고요함을 느낌.

* **적적(寂寂)성성(惺惺)**: 두렷하고 고요한 정신수양(精神修養), 자성(自性)의 정(定)의 상태.

* **정기일기(定期日記)**: 원불교 훈련 11과목 중 하나. 사리연구과목으로 정기적으로 훈련받는 공부인에게 기재케 하는 일기. "학원이

나 선원에서 정기적으로 훈련을 받는 공부인에게 당일 내 작업한 시간 수와 당일의 수입 지출과 심신작용의 처리건과 감각감상을 대조"(《정전》 일기법)하고 반성하여 공부와 생활에 대한 길을 바르게 알고 챙겨서 안으로 지혜를 단련하고 밖으로 복락을 장만하게 할 수 있는 힘을 양성하자는 것. 정기일기의 요지는 다음과 같다.

① 그날의 작업 시간수를 기재하는 것: 정기일기에서 작업 시간은 육근을 사용하는 자체를 말하며 육근이 움직이고 활동을 하면 작업을 하는 것으로 파악한다. 그리고 작업 시간 수는 육근을 움직이고 활용하는 시간 수를 계산하는 것을 말한다.

② 수입과 지출을 대조 기재하는 것: 수입과 지출을 대조하여 기재하는 것을 일명 수지대조라 한다. 정기일기에서 말하는 수지대조는 일반적으로 실시하는 금전출납부와 크게 상이하지 않다. 세간 생활하는 사람도 가계부나 금전 출납부를 꼬박꼬박 기재하여 알뜰 살림을 영위하는 사람이 얼마든지 있다. 이처럼 원불교 일기도 수입과 지출을 철저히 대조하여 경제적인 대조를 하도록 유도하기 위해 정기일기에 이 수지대조를 실시한다.

③ 심신작용 처리건을 기재하는 것: 심신작용이란 몸과 마음을 작용하는 것을 말한다. 처리건이란 인간 마음의 자율성을 담고 있는 단어이다. 처리는 이렇게도 할 수 있고 저렇게도 할 수 있다는 것을 내포하고 있으므로 자율성 없이 피동적으로 움직이는 일은 처리라고 할 수 없으며, 또한 결정을 내려 정리하지 아니한 일이나 상황을

처리했다고 말할 수는 없다. 이런 의미에서 처리란 반드시 마음의 결단을 요구한다.

④ 감각감상을 기재하는 것: 감각이란 느껴서 깨달음을 얻은 상태를 말하고 감상이란 일상의 생활에서 우연히 느껴진 생각으로 사물이나 어떤 상황의 일을 보는 가운데 진리성이 있다고 느껴지는 것을 말한다.

* **정신(精神)**: 마음이 두렷하고 고요하여 분별성(分別性)과 주착심(住着心)이 없는 상태.

* **정토(淨土)**: 착하고 옳은 사람들이 서로 도우며 바르게 살아가는 세상.

* **제불(諸佛)**: 모든 부처님.

* **제성(諸聖)**: 모든 성인(聖人).

* **제호(醍醐)**: 아주 맛있는 술이나 음식을 뜻하나 여기서는 불성(佛性)의 묘리(妙理)를 의미함. 〈醍: 맑은 술 제, 호(醐): 약술 호(醐)〉

* **조화(造化)**: 진공(眞空)에서 묘유(妙有)로, 묘유(妙有)에서 진공(眞空)으로 돌면서 순환(循環)함.

* **조행(操行)**: 원불교 정기훈련 11과목의 하나. 작업취사의 한 과목으로 사람으로서 사람다운 행실 가짐을 말한다. 주의는 '경우에 따라 잊어버리지 아니하고 실행하는 마음'을 의미하고, 조행은 그 실행하는 마음이 구체적인 '행실 가짐'으로 나타난 것이다. 이런 면에서 원불교《예전》의 실천은 조행을 단련하는 중요한 소재가 된다.

* **좌선(坐禪)**: 《정전》 '정기훈련법'에서는 "좌선은 기운을 바르게 하고 마음을 지키기 위해 마음과 기운을 단전(丹田)에 주(住)하되 한 생각이라는 주착도 없이 하여, 오직 원적무별(圓寂無別)한 진경에 그쳐 있도록 함이니, 이는 사람의 순연한 근본정신을 양성하는 법이요."라고 밝히고 있다

* **주의(注意)**: 원불교 정기훈련 11과목의 하나. 작업취사의 한 과목으로 사람의 육근을 동작할 때에 하기로 한 일과 안 하기로 한 일을 경우에 따라 잊어버리지 아니하고 실행하는 마음을 말한다. 정기훈련에서 단련한 주의력은 상시훈련에서 '상시응용주의사항'과 '교당내왕시주의사항'을 통하여 보다 구체적으로 생활 속에 활용되고 세밀하게 단련된다. 주의는 경계마다 온전한 생각으로 취사하는 유념공부와 유사한 의미를 가지며 작업취사의 핵심 요건이 된다.

* **중생(衆生)**: 깨닫지 못한 모든 유정물.

* **중생심(衆生心)**: 중생(衆生)의 마음. 중생(衆生)의 마음은 부처님의 마음과는 달라서 본성(本性)을 떠나서 경계(境界)를 따라 요란하고 어리석고 그르게 되는 마음이다.

* **지공무사(至公無私)**: 지극히 공익적(公益的)이고 개인적인 사심(私心)이 없음.

* **지성(至誠)**: 지극(至極)한 정성(精誠).

* **진공(眞空)**: 공적(空寂) 영지(靈知)를 정확히 실행할 수 있도록 만들어진 진공묘유의 조화의 허공(虛空).

* **진공묘유(眞空妙有)의 조화(造化)**: 우주(宇宙)의 진공(眞空)에는 공적영지의 광명이 있어서, 우주(宇宙)는 성주괴공으로, 만물(萬物)은 생로병사로, 사생(四生)은 심신작용(心身作用)을 따라 육도(六道)로 변화를 시키는데, 진공(眞空)에서 묘유(妙有)로, 묘유(妙有)에서 진공(眞空)으로 돌고 돌리는 조화(造化)를 부린다는 뜻.

* **진급(進級)**: 발전(發展)하여 등급(等級)이 높아짐.

* **진대지(盡大地)**: 온 세상.

* **진세(塵世)**: 중생들의 요란하고 어리석고 그른 티끌 세상.

* **체(體) 받아서**: 체(體)는 '근본 체, 몸체'라는 뜻과 음을 가진 한자인데, 여기서는 근본(根本)으로 해석(解釋)함. 즉 겉모습이 아니라 근본(根本)인 성품(性稟)을 깨닫고 성품(性稟)에 합일(合一)한다는 뜻으로, 원만구족(圓滿具足)하고 지공무사(至公無邪)한 일원(一圓)인 법신불(法身佛)을 본(本)받는다는 뜻임.

* **타력생활(他力生活)**: 타인의 힘에 의지하는 삶.

* **해독(害毒)**: 해로운 독.

* **해생어은(害生於恩)**: 은혜(恩惠)가 해(害)로운 것으로 바뀜. (예: 자신이 부모가 부자라고 학생인 자식이 공부는 않고 놀기만을 하여 장래를 준비하지 않으면 다음에 어른이 되었을 때 무능한 자가 되어 오히려 불행해짐)

* **해탈(解脫)**: 중생이 지혜를 얻어 번뇌와 망상으로부터 벗어남.

* **활성산소(活性酸素)**: 생물체의 내부에서 만들어지는 반응성이 큰 산

소의 화합물을 통틀어 이르는 말로서 유해산소(有害酸素)라고도 함.

 * 회화(會話): 원불교 정기훈련 11과목 중 사리연구 과목의 하나. 각자가 보고 들은 가운데 스스로 느낀 바를 자유로이 말하는 가운데 구속 없고 활발하게 의견을 교환하며 혜두를 단련시키는 사리연구 훈련법.

소태산 대종사는 《불교정전》 수행편에서 "회화라 함은 사리간에 어떠한 문제를 정하지 아니하고, 각자의 훈련받은 경전 내에서나 법설 내에서나 그 외에 보고 듣는 가운데에서 스스로 마음속에 감동된 바를 자유로이 토설(吐說)케 함이니, 이는 곧 공부자에게 구속을 주지 아니하고 활발하게 의견을 교환하여 혜두를 단련시키기 위함이니라."고 했다.

이어서 강연과 회화의 관계를 다음과 같이 밝히고 있다. "강연과 회화의 대의(大義)를 말하자면 사람의 혜두는 단련시킴에 있나니, 혜두라 하는 것은 너무나 자유를 주어도 거만하고 누그러져서 참다운 밝음을 얻지 못하는 것이요, 너무나 구속을 주어도 눌리고 소졸(小拙)하여져서 또한 참다운 밝음을 얻지 못하는 것이니, 그러므로 강연의 일정한 문제로는 그 혜두에 구속을 주어 단련시키며 회화로써는 그 혜두에 자유를 주어 단련시켜, 이 구속과 자유 두 사이에서 사람의 혜두로 하여금 과불급이 없이 진정(眞正)한 혜광(慧光)을 얻도록 함이니라."

참고 문헌

번호	쪽	내용
1	17	육조혜능과 금강경오가해, 불교시대사 255~256
2	18	정산종사법어 원리편 12장, 원불교전 서 822쪽
3	28	대산종사법어 12인연법, 280쪽
4	29	정산종사법어 원리편 10장, 원불교전서 821쪽
5	32	정전 교의편 일원상 진리, 원불교전서 66쪽
6	39	정전 제2장 사은, 원불교전서 27쪽
7	42	정전 교의편 게송, 원불교전서 26쪽
8	50	대종경 교의품 7장, 원불교전서 115쪽
9	58	정전 일원상 서원문, 원불교전서 24쪽
10	69	정전 좌선의 요지, 원불교전서 63~64쪽
11	70	정전 좌선의 방법, 원불교전서 64~66쪽
12	71	정전 좌선의 공덕, 원불교전서 66쪽
13	72	禪, 도서출판 동촌, 김근수, 2002
14	73	정전 단전주의 필요, 원불교전서 66쪽

15   82   수소라이프, www.susolife.net

16   90   정전 무시선법, 원불교전서 72쪽

17   94   대종경 수행품 12장, 원불교전서 149쪽

18   100   정전 일상수행의 요법, 원불교전서 24쪽

19   117   정전 정기훈련과 상시훈련, 원불교전서 55쪽

20   119   불교의 화두, 원불교의 성리 및 주문

21   133   대산 김대거 종사, 기원문 결어

22   153   소리요가와 5단전호흡과 목 풀기요가는 대산 종사님
             께서 대중들에게 가르쳐 주신 내용입니다.

23   163   대종경 인과품 2장, 원불교전서 219쪽

24   164   대종경 인과품 3장, 원불교전서 219쪽

25   164   김홍철, 동원도리 연구, 원불교 사상 10~11집,
             1997, 315쪽

26   169   정산종사법어 원리편 5장, 원불교전서 820쪽

27   175   윌리암 존스톤, 선과 기독교 신비주의, 재단법인 대
             원정사, 1993, 87~105쪽

28   192   대종경 서품 6장, 원불교전서 96쪽

29   194   원불교 교사, 제3장 제생의세의 경륜, 4. 첫 조단과
             훈련, 원불교전서 1,045쪽

30   203   9인선진 이야기, 원불교출판사, 38쪽

본성에 바탕한 마음공부

초   판 1쇄 인쇄일 2019년 4월 26일
개정판 1쇄 인쇄일 2023년 9월 11일
개정판 1쇄 발행일 2023년 9월 20일

지은이 김경태
펴낸이 김경태

펴낸곳 은성출판사
출판등록 제715-91-00361
주소 부산광역시 해운대구 우동2로 32번길 10-1
대표전화 051-747-6824, 010-4012-4438
이메일 kh309464@daum.net
홈페이지 maum.club
ISBN 979-11-961264-2-1 (03200)